KB125204

항일과 친일의 역사 따라
현충원 한 바퀴

항일과 친일의 역사 따라
현충원 ─────── 한 바퀴

친일파 김백일부터 광복군까지

김종훈 지음

이케이북

—

이 책을 읽기 위해

—

이 책《항일과 친일의 역사 따라 현충원 한 바퀴》는 현충원 셀프 여행을 위해 만들어진 '가이드북'이다. 이 책을 쓰는 내내 그 점을 염두에 두고 기록해나갔다. 그래서 바람이 하나 있다. 우리 일상과 가까운 곳에 있지만 쉽게 찾지 못했던 여러 국립묘지를, 이 책 한 권 들고 가족·친구·연인과 함께 떠나보았으면 하는 것이다. 장소 한 곳당 반나절이면 충분하다. 단언컨대 국립묘지에 어떤 역사가 숨어 있고, 누가 잠들었는지 알고 현장을 찾는다면 우리가 느끼게 될 보람은 투자한 시간보다 몇 배는 더 클 것이다.

이 책은 총3부로 구성됐다. 1부 국립서울현충원은 서울 동작동에 위치한 국립묘지를 다루고 있다. 일제강점기 친일과 항일의 갈림길에서, 각자의 길을 선택한 친일파와 독립운동가가 같은 공간에 잠들어 있는 땅, 그곳이 바로 국립서울현충원이다.

항일과 친일의 역사 따라 현충원 한 바퀴

2009년 국가기구인 친일반민족행위진상규명위원회에 의해 국가공인 친일파로 규정된 7인(김백일, 신응균, 신태영, 이응준, 이종찬, 백낙준, 김홍준)을 비롯해 평생 독립운동을 했지만 결국 이들 발밑에 잠들게 된 대한민국 임시정부 및 의열단, 광복군 출신 애국지사들의 이야기를 다뤘다. 감정을 최대한 배제한 채 친일파와 지사들의 공식적인 행적에만 집중해 서술했다. 이유는 하나, 이 책을 살핀 뒤 현장에서 직접 눈으로 확인하기를 바라는 마음을 담았기 때문이다. 국가공인 친일파의 묘역에서 독립운동가의 묘역을 바라보자. 그 감정을 잊지 않기를 희망한다.

이외에도 우리 정부가 친일파로 공인하지 않았지만 《친일인명사전》에 오른, 우리가 놓쳐서는 안 되는 비공인 친일파 5인에 대해서도 기술했다. 국립서울현충원 최중심부에 잠든 박정희 전 대통령을 비롯해 애국가의 주인공 안익태, 한국전쟁 때 한강철교를 폭파한 채병덕 육군참모총장 등이 있다.

제2부는 국립대전현충원이다. 국립서울현충원의 거의 두 배에 달하는 100만 평에 육박하는 거대한 땅에 마련된 국립묘지다. 충남의 자랑인 계룡산 줄기 따라 국가를 위해 목숨 바친 '영웅'들이 잠들어 있다.

그러나 애석하게도 이곳 국립대전현충원 역시 국립서울현충원과 마찬가지로 일제강점기 친일과 항일의 갈림길에서 다른 길을 선택한 친일파와 독립운동가가 함께 잠들어 있다. 이들 중에는 국가에서 공인한 친일파인 신현준, 김석범, 송석하, 백홍석이 있다. 2020년 7월 10일 백수를 누리고 사망한 국가공인 친일파 백선엽 역시 논란 끝에 장군제2

묘역에 영면했다.

국가공인 친일파 4인이 잠든 국립대전현충원 장군제1묘역에 서면 바로 알 수 있다. 평지 위에 바둑판처럼 조성된 독립유공자묘역과 어떤 차이가 있는지, 왜 이곳이 대한민국 최고의 명당으로 불리는지. 이 책을 읽고 반드시 서보기를 추천한다. 계룡산 줄기 따라 뻗은 국가공인 친일파의 무덤들 아래 독립운동하다 생을 마감한 지사들의 묘가 펼쳐져 있다.

제3부는 수유리 4.19국립묘지와 서울 효창공원을 다뤘다. 서울시 강북구 북한산 초입에 자리한 민주열사와 애국지사의 무덤, 그 안에 기생하는 친일파와 군부독재의 흔적에 관한 이야기다. 제3부는 앞선 1부와 2부에 비해 덜 무겁다. 우리 일상 속에 스며든 휴식 공간인 수유리 4.19국립묘지를 가볍게 산책하는 마음으로 펼쳐냈다. 지금 우리가 향유하는 대한민국이 어떠한 과정과 희생을 거쳐 탄생하게 됐는지 수유리 4.19국립묘지 곳곳에 잠든 지사들의 이야기를 통해 확인했으면 하는 마음을 담았다.

이 책을 마감하기 전까지 묘소와 묘역 차이를 온전히 몰랐다. 수없이 현장을 확인하고 나서야 묘소와 묘역의 차이를 알게 됐다. 마치 애국지사와 순국선열의 차이처럼, 묘소와 묘역은 미묘한 다른 점이 있다. 이 책을 다 읽고 에필로그에서 그 차이를 확인했으면 한다. 뜻깊은 여정이 되길 진심으로 바란다. 기회가 닿으면 언젠가 함께 현충원을 걸었

항일과 친일의 역사 따라 현충원 한 바퀴

으면 하는 소망도 있다. 현충원을 함께 걸으며 들려드리고 싶은 이야기가 아주 많다.

2020년 8월 초입, 산이 많은 산본에서 김종훈

차례

2부 국립대전현충원

1장 국립대전현충원의 국가공인 친일파

2장 국립대전현충원에 잠든 비공인 친일파들

3장 친일파 아래 잠든 국립대전현충원의 지사들

3부 국립4·19민주묘지와 효창공원

1부

국립서울현충원

● 이상룡
조선의 노블레스 오블리주의 표본
국립서울현충원 임시정부요인묘역

● 박정희
비공인 친일파
국립서울현충원 대통령묘소

● 김익상
의열단원
국립서울현충원 무후선열제단

● 안익태
비공인 친일파
국립서울현충원 국가유공자제2묘역

● 김백일
국가공인 친일파
국립서울현충원 장군제1묘역

● 조명하
일제강점기 '4대 의거'의 주인공국
립서울현충원 애국지사묘역

한눈에 보는

국립서울현충원

추천 답사

- 서울현충원 만남의광장 →
- 현충탑 →
- 부부위패묘(김홍준) →
- 이승만대통령묘소 →
- 유공자제1묘역(백낙준) →
- 장군제1묘역(김백일, 채병덕, 신응균) →
- 박정희대통령묘소 →
- 장군제3묘역(이종찬, 정일권) →
- 약수터 →
- 장군제2묘역(신태영, 이응준, 임충식) →
- 대한독립군무명용사위령탑 →
- 유공자제2묘역(안익태 등) →
- 임시정부요인묘역
  (이상룡, 박은식, 신규식, 지청천, 김성숙 등) →
- 김익상, 이재명, 박열 등 →
- 충열대 →
- 애국지사묘역
  (박재혁, 김상옥, 조명하, 이종암, 남자현 등) →
- 만남의집 '갈비탕'으로 마무리

장병묘역

항일과 친일의 역사 따라 현충원 한 바퀴

박정희 대통령
장군제1묘역
유공자제1묘역
장군제3묘역
약수터
이승만 대통령
김영삼 대통령
김대중 대통령
장군제2묘역
무후선열제단
임시정부요인묘역
유공자제3묘역
독립유공자묘역
유공자제2묘역
외국인묘소
경찰관묘역
장병묘역
현충탑
현충문
부부위패묘

국립서울현충원의
역사

국립서울현충원은 1950년 6월 한국전쟁이 일어난 뒤 사망한 국군 장병을 위해 처음 만들어졌다. 이승만 대통령은 서울특별시 동작동 일대에 국립묘지를 조성할 것을 결정했고, 1954년 삼일절을 기념해 공사가 시작됐다. 2년이 지난 1956년 4월 대통령령으로 첫 번째 안장이 이루어졌다. 한국전쟁 중 이름 없이 죽어간 무명용사의 묘였다. 이듬해인 1957년 4월부터 신분이 확인된 군인들을 중심으로 국립묘지에 안장했다.

국립묘지로 불리던 현충원이 국립현충원으로 개편된 건 1996년 6월의 일이다. 현충원에 국립묘지가 조성되고 만 40년이 지나서의 일인데, 그사이 현충원에는 신분을 바꾼 친일파들이 국가의 영웅으로 포장돼 잠들었다. 국립서울현충원은 개원 이래 지금까지 국방부가 직접 운영 관리하고 있다.

국립서울현충원에는 임시정부요인묘역과 무후선열제단, 애국지사 묘역도 마련되어 있다.

대통령 이하 주요 인사들이 현충일을 비롯해 광복절이나 선거를 마친 뒤 항상 참배하는 곳이지만 요지마다 친일파가 잠들어 있다. 그중에는 2009년 대통령 소속 친일반민족행위진상규명위원회가 규정한 '국

항일과 친일의 역사 따라 현충원 한 바퀴

가공인 친일파'도 일곱 명이 있다. 바로

김백일   신응균   신태영   이응준   이종찬   김홍준   백낙준

특히 국립서울현충원 장군2묘역에 잠든 신태영과 이응준의 묘소 위치가 문제다. 대한민국 임시정부요인묘역과 애국지사묘역 머리맡에 있다. 지사들의 묘소를 바라보고 참배를 하면 어쩔 수 없이 국가공인 친일파에게도 인사를 드리는 상황이 빚어지는 것이다. 그렇게 수십 년이 흘렀다.

찾아가기

- **동작(현충원)역** 서울지하철 4호선과 9호선이 교차한다. 9호선 8번 출구로 나오면 서울현충원 정문이 있다.
- **'독립유공자묘역' 안내지도(분홍)** 민원안내실이나 만남의집 입구에 마련되어 있다. 현충원 투어 전에 챙기면 여정에 큰 도움이 된다.
- **연중무휴** 오전 6시에 개방해 오후 6시에 종료된다. 현충일과 광복절, 상춘기 등을 제외하면 여유롭게 주차할 수 있다.

국립서울현충원
친일파 묘역 위치(총 35명)

2009년 11월 초, 민족문제연구소는 4,400여 명의 친일파 명단을 발표한다. 이 중 국립서울현충원에 35명, 대전현충원에 33명이 잠들어 있다. 이 책에서는 2009년 반민규명위가 발표한 1,000여 명의 '국가공인' 친일파에 들지는 않지만, 우리가 놓쳐서는 안 될 '비공인 친일파'에 대해서도 이야기할 것이다. 그중 국립서울현충원에 있는 박정희, 정일권, 안익태, 채병덕, 임충식을 선정해 더 자세히 살폈다.

대통령묘소 ·· 1명
박정희

장군제1묘역 ··· 14명

강태민(6번)   김용기(140번)   김정호(39번)   김백일(국가공인/19번)
문용채(72번)   박범집(1번)   박춘식(92번)   신응균(국가공인/288번)
신학진(275번)   안병범(232번)   양국진(118번)   윤태일(134번)
채병덕(12번)   최창언(126번)

장군제2묘역 ·· 3명
신태영(국가공인/3번)   이응준(국가공인/6번)   임충식(2번)

장군제3묘역 ·· 6명
김용국(20번)   김응조(52번)   김일병(40번)   이종찬(국가공인/1번)
이종태(42번)   정일권(4번)

유공자제1묘역 ·· 3명
김정렬(33번)   백낙준(국가공인/26번)   엄민영(3번)

유공자제2묘역 ·· 2명
안익태(7번)   조진만(8번)

위패 ·· 2명
김호량(부부위패02-70)   김홍준(국가공인/부부위패05-197)

기타 ·· 4명
김준원(충혼당2-212-143)   박성도(충혼당2-213-127)
안광수(7묘역-5-08)   최복수(54묘역-4-2195)

임시정부요인묘역

　임시정부요인묘역은 1993년 중국 상하이 만국공묘에 안치되어 있던 임시정부 요인 다섯 명을 모셔오면서 조성됐다. 매우 잘한 일이었으나 안타깝게도 국가공인 친일파 두 명이 잠든 장군제2묘역 하단에 묘역을 조성했다.

　김영삼 대통령이 묘역 하단에 '민족정기^民族正氣^'라는 글까지 새겨 넣은 제단을 조성하며 독립 의지를 고취했으나, 결과적으로 친일파의 무덤 아래 지사들을 모신 것은 씻을 수 없는 과오가 됐다.

　2020년 4월 기준, 임시정부요인묘역에 잠들어 있는 분들이다.

박은식 대한민국임시정부 2대 대통령

이상룡 초대국무령, 한국판 노블리스 오블리주의 대명사

신규식 국무총리 대리 및 외무총장 역임

김동삼 만주 호랑이라 불렸던 서로군정서 참모장

지청천 군무총장 및 광복군 총사령을 역임

　이외에도 임정 출신 애국지사 20명이 이곳 임시정부요인묘역에 잠들어 있다.

오영선 법무총장　　　　　　　　　**홍진** 국무령

박찬익 외무총장	**이유필** 내무총장
양기탁 국무령	**황학수** 생계부장
노백린 국무총리	**조경한** 비서장
김인전, 손정도, 이강 의정원 의장	**윤세용** 국무위원

찾아가기

임시정부요인묘역은 국립서울현충원 가장 안쪽에 자리한 묘역 중 하나
다. 정문에서 국립서울현충문과 현충탑을 바라보고 우측으로 난 길을
따라 올라가다 보면 태극기를 새겨놓은 애국지사묘역을 발견하게 된다.
그 위쪽이다. 이 책에서 추천한 코스대로 투어를 진행하기 바란다. 단언
컨대 현충원에 잠든 항일과 친일을 만나는 가장 효과적인 방법이다.

무후선열제단

나라를 위해 목숨을 바쳤건만 후손이 없거나 유해를 찾지 못했다는 이유로 이름 석 자만 남긴 지사들이 있다. 이들을 기리기 위해 국립서울현충원 애국지사묘역 위쪽에 무후선열제단이 조성됐다.

유관순 3·1운동의 불꽃

이상설과 이위종 헤이그 특사

홍범도 봉오동 전투와 청산리 전투를 승리로 이끌어냄

오동진 정의부 총사령

김익상 일제강점기 조선총독부에 폭탄 의거를 유일하게 성공시킴

등 독립운동을 한 의사와 열사 115위와 한국전쟁 중 납북된 조소앙, 엄항섭, 박열 등 15위도 함께 모셔져 있다.

박정희 대통령의 조카사위이자 5·16군사혁명의 주역인 김종필 전 총리가 무후선열제단 헌시비를 작성했다.

우리 민족은 자유를 위해 의롭게 싸운 민족으로서 일찍 의병항쟁 때로부터 민족 해방에 이르기까지 피눈물 어린 반세기 동안 왜적을 대항해 싸우다가 국내 국외에서 순국하신 의사와 열사들 중에서도 자손의 제사 받는 이들은 그나마 위로가 되지마는 묘소도 없고 자손도

없이 외로운 혼으로 도는 이들 돌보아 드린 이 하나 없고 기억마저 사라져 가므로 존함이나마 정성껏 새겨 따로 이곳에 모시옵나니 선열들이여 국민 모두가 후손이외다 우리들 제사 받으옵소서.

무후선열제단에 모셔진 130명 모두를 다루는 것이 옳으나 이 책에서는 총과 칼로 일제에 맞선 의사들 네 명을 중심으로 정리했다. 무후선열제단에서 가장 아쉬운 것은, 고개를 숙여 참배를 할 때마다 제단 너머 자리한 장군2묘역에도 참배를 하게 된다는 점이다. 자신들 머리 위에 친일파가 잠들어 있는 사실을 알면 지사들은 어떤 마음이 들지 안타까울 뿐이다.

찾아가기

무후선열제단에 모신 130명 중 이 책에서는 총과 칼로 일제에 맞선 의사들 네 명을 중심으로 정리했다. 무후선열제단에서 가장 아쉬운 것은, 고개를 숙여 참배를 할 때마다 제단 너머 자리한 장군제2묘역에도 참배하게 된다는 점이다. 자신들 머리 위에 친일파가 잠들어 있는 사실을 알면 지사들은 어떤 마음이 들지 안타까울 뿐이다.

독립유공자들이
잠든 곳

국립서울현충원 무후선열제단 아래쪽으로 조성된 묘역이 독립유공
자들이 잠든 곳이다.

국립서울현충원이 직접 작성한 소개 글이다.

애국지사 및 임시정부 요인, 무후순국선열을 통틀어 추모하는 충열
대가 있다. 1906년 을사5적 처단을 시도하고 군자금을 모집하여 임
시정부를 지원한 기산도, 상해의열단 소속으로 1923년 종로경찰서
에 폭탄을 투척한 김상옥, 독립협회를 조직하여 민중계몽운동을 벌
인 서재필, 친일 외교 고문인 미국인 더럼 화이트 스티븐스를 미국
에서 척살한 장인환과 전명운, 3·1운동에 참여한 이종일, 권병덕,
라인협 등 민족대표 14위와 임시정부에서 활약한 애국지사 23위가
안장되어 있다.

무후선열제단 앞쪽, 애국지사묘역 머리맡에 세워진 충열대 머리글
'민족의 얼'은 박정희 대통령이 직접 썼다. 일제에 '멸사봉공·견마지로'
를 외쳤던 만주군 출신 박정희가 직접 글을 썼다는 사실 자체가 역사의
아이러니다.

살펴야 할 인물이 수십이지만 이 자리에선 의열 투쟁을 중심에 둔

항일과 친일의 역사 따라 현충원 한 바퀴

지사들의 이야기에만 집중하고자 한다. 일제의 군인이 돼 싸운 국가공인 친일파들과 직접적으로 반대편에 선 이들이기 때문이다. 김상옥, 박재혁, 이종암, 조명하, 남자현이다.

찾아가기

국립서울현충원 정문에서 현충문과 현충탑을 바라보고 우측으로 난 길을 따라 올라가다 보면 태극기가 새겨진 외벽을 발견하게 된다. 그곳이 애국지사묘역 하단부다. 계단을 따라 위로 올라가면 애국지사묘역에 잠든 지사들을 만날 수 있다. 누차 강조한 대로 책에서 추천한 코스대로 투어를 진행하자. 소주 한 병 챙겨 지사들을 위해 한 잔씩 올렸으면 하는 바람이다.

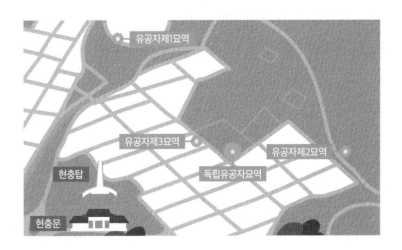

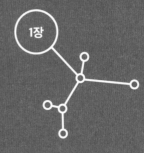

1장

국립서울현충원의
국가공인 친일파

01

김백일

독립군 때려잡던 친일파, 어떻게 현충원에 묻혔나?

─ 만주국 중대장 김찬규의 변신

1945년 8월 20일, 중국 허베이 일대에서 '치안숙정治安肅正'이라는 이름으로 공작활동을 펼치던 만주국 간도특설대 중대장 김찬규金燦奎, 1917-1951는 토벌 대상인 항일무장세력으로부터 '비보'를 접한다.

"일왕이 8월 15일 항복을 선언했다."

김찬규는 부대원을 이끌고 부대해체식이 진행된다는 중국 진저우로 향했다. 진저우에서 김찬규가 마주한 것은 간도특설대 부대해체식 현장, 김찬규는 그제야 일본이 완전히 패망했다는 사실을 인지했다. 김찬규는 패망한 일본을 뒤로하고 조부 김영학金永鶴의 고향인 북녘으로 이주했다.

그해 12월, 북에 머물던 김찬규는 펑톈군관학교 후배이자 같은 간도 특설대 출신인 백선엽白善燁 등이 "미군정이 통치하는 남한으로 가자"고 권유하자 함께 월남했다. 남한으로 향하는 길, 김찬규는 당시까지 쓰던 자신의 이름을 버리고 김백일金白一로 개명했다. 백일白日, "온 세상이 붉은색(공산주의)으로 물들어도 나는 홀로 하얗게 버티겠다"라는 뜻이다.

남한에 내려온 김백일은 일본군으로 30년 넘게 복무한 이응준李應俊을 찾아 미군정이 만든 군사영어학교에 입학할 수 있게 해달라고 했다. 1945년 12월에서 1946년 4월까지 운용된 군사영어학교는 군 간부를 양성할 목적으로 설립됐다. 하지만 설립 취지와는 달리 군사영어학교 구성원의 대부분이 김백일과 같은 만주군, 일본군 출신이었다.

일본군 출신 군인 중 리더 역할을 맡았던 이응준 등의 추천으로 입학이 이루어졌기 때문인데, 실제로 육군군사연구소가 2018년에 발간한 〈대한민국 육군사관학교의 효시에 대한 연구〉를 보면 "군사영어학교 교육 이수자 110명 중 108명이 학병을 포함한 일본군과 만주군 출신"이라고 나온다. 수료한 이들 중 2명만이 중국군(광복군 포함) 출신이다. 이응준의 추천을 받은 김백일 역시 무난하게 미군정 군사영어학교에 입학했고, 수료 뒤 바로 대한민국 육군 중위로 임관했다.

군사영어학교를 나온 김백일은 1951년 한국전쟁 도중 대관령에서 비행기 사고로 사망할 때까지 육군사관학교와 육군보병학교 교장, 여순사건 특별부대 사령관, 3사단장과 1군단장 등을 역임했다. 김백일이

항일과 친일의 역사 따라 현충원 한 바퀴

죽은 뒤 대한민국 정부는 그를 육군 중장으로 추서하고 무공훈장 중 가장 등급이 높은 태극장을 수여했다.

___ 간도특설대 중대장에서 여순사건 계엄사령관으로

1946년 육군 중위로 임관한 김백일은 불과 4년 뒤인 1950년에 대한민국 육군 소장에 오른다. 1948년 10월에 발생한 여순사건 진압이 결정적 계기가 됐다.

여순사건은 1948년 10월 19일부터 10월 27일까지 전라남도 여수시에 주둔하고 있던 14연대 군인 2000여 명이 중위 김지회 등을 중심으로 제주 4·3사건 진압 명령을 거부하자 이를 진압하는 과정에서 발생한 사건이다. 여수와 순천 지역에 거주했던 무수한 민간인까지 살해됐다.

여순사건 당시 모습

'진실·화해를위한과거사정리위원회'는 1948년 10월 말부터 1950년 2월까지 순천 일대에서 국군 5개 연대와 순천서 경찰관들이 주민들을 불법으로 집단 사살했으며, 희생된 민간인이 439명에 달한다고 조사 결과를 발표했다.

당시 중령으로 제5여단을 이끌었던 이가 김백일이다. 그는 여수 현지에 파견된 후 계엄사령관으로 임명돼 진압 작전을 지휘했다. 여순 사건 이후 그는 대령, 장군으로 승진했다.

— 조부는 독립운동가, 손자는 간도특설대 중대장

국립서울현충원 장군제1묘역 최상단 김백일의 묘비 하단에는 별 세 개가 새겨진 석판이 있다. 석판에는 김백일의 출생과 주요 행적이 기록돼 있다.

김백일 장군은 고향인 함북 명천을 떠나 조국 광복에 생애를 바친 김영학 옹을 조부로 모시고 만주 간도 연길(옌지)에서 태어났다. 일찍이 군사학을 닦아 해방된 조국에 환국하여 곧 군문에 들어가 육사 교장을 거쳐 지리산 및 용천지구 전투사령관을 역임하였고 6·25사변이 돌발하자 제1군단을 지휘하고 북진의 선봉이 되어 그 용맹을 국내외에 과시하였다.

석판 어디에도 김백일의 '간도특설대' 행적과 관련된 기록은 없다. 오히려 독립유공자로 서훈 받은 조부 김영학의 보살핌 속에 김백일 역시 조국 광복을 위해 실력을 기르고 애쓴 것처럼 묘사됐다.

김백일의 조부 김영학은 만주 지역에서 "〈독립선언서〉를 낭독한 후 만세시위를 전개해 간도지역 3·1운동의 기폭제 역할을 했다"는 이유로 1990년 건국훈장 애족장에 추서됐다.

손주인 김백일의 길은 달랐다. 김백일은 열아홉 살 때인 1936년 일제가 세운 괴뢰정부 만주국의 펑톈군관학교에 입학했다. 그곳에서 향후 간도특설대의 핵심이 되는 신현준, 김석범, 김홍준, 송석하 등을 만났다. 펑톈군관학교를 나온 김백일은 1938년 항일무장세력을 탄압하기 위해 창설된 간도특설대에 설립부터 기여했다. 해방 때까지 김백일은 간도특설대에서 중위를 거쳐 1944년 대위에 진급한 뒤 중대장에 임명됐다. 김백일의 간도특설대 활동을 높이 평가한 일본 만주국 정부는 1943년 김백일에게 훈5위에 해당하는 '경운장景雲章'을 수여했다.

2009년 친일반민족행위진상규명위원회는 이러한 활동을 근거로 김백일을 국가공인 친일파로 규정했다.

김찬규(본명)는 만주국 초기의 장교 양성 기관인 펑톈군관학교에서 수학했다. 견습 기간을 마치고 만주국군 소위로 임관했다. 이듬해인 1938년 12월 젠다오성 일대 항일무장세력 탄압을 목적으로 설립된 간도특설대의 창설 요원에 선발되었다. 대위 진급 후 특설대

제1련의 연장(중대장)을 맡아 휘하 조선인 장병들을 거느리고 젠다오 성 일대의 동북항일연군을 포함한 항일무장부대를 공격했다. 1944 년부터는 러허성 및 허베이성 일대로 이동해 팔로군 '토벌'과 민간인 탄압에도 종사하는 등 일제의 침략전쟁에 적극 협력했다.

반민규명위는 또 김백일의 행적에 관해 다음과 같이 덧붙였다.

〈일제강점하 반민족행위 진상규명에 관한 특별법〉제2조 10호 '일본제국주의 군대의 소위 이상의 장교로 침략전쟁에 적극 협력한 행위', 〈특별법〉 제2조 19호 '일제의 식민통치와 침략전쟁에 협력해 포상 또는 훈공을 받은 자로 일제에 현저히 협력한 행위' 해당한다.

— '삼광정책' 펼치던 간도특설대

2009년 대통령소속 친일반민족진상규명위원회는 22쪽에 달하는 김백일 보고서를 만들어 그의 친일 행적을 알렸다. 보고서에는 김백일이 중대장으로 활동했던 간도특설대의 토벌 활동과 죄행이 상세히 기술됐다.

특설부대는 일본 침략자의 '삼광정책三光政策'을 충실히 집행해 적극 소탕을 조직하고 지극히 야만적이고 잔인한 수단으로 우리 항일연군과 기타 애국무장세력에 대해 피가 낭자한 진압을 했다.

간도특설대가 집행했다는 삼광정책이란 "모두 죽이고, 모두 태우며, 모두 빼앗는다"는 뜻으로, 위원회는 "특설대 설립부터 해산까지 108차에 달하는 토벌 활동을 전개했고 강간, 강탈, 고문, 구타, 방화 등 죄악은 부지기수"라고 설명했다.

── 현충원에 잠든 '국가공인 친일파' 김백일

2016년 광주광역시는 김백일의 이름을 따 만들어진 백일초등학교와 백일로, 백일어린이공원을 각각 성진초등학교, 학생독립로, 학생독립어린이공원 등으로 변경했다. 김백일이 생전에 (호남에 위치한) 5여단과 육군보병학교를 이끌었다는 이유로 그의 이름을 따 학교와 거리 등을 조성하고 동상을 세웠으나 친일 행적이 드러난 만큼 이를 바로잡겠다는 것이다.

전라남도 장성군 육군 보병학교 내 백일사격장 역시 명칭 변경을 논의 중이다. 2020년 3월 기준 (보병학교에) 확인한 결과 "(보병학교) 내부에서 여러 의견을 반영해 사격장 이름을 변경키 위한 논의가 진행 중"이라는 사실을 확인했다.

그러나 이러한 움직임에도 김백일 동상은 육군 보병학교와 경상남도 거제시 포로수용소, 서울특별시 용산 전쟁기념관 등에 세워져 있다.

국립서울현충원 장군제1묘역 최상단에 위치한 친일파 김백일의 무덤 역시 정부가 국가공인 친일파를 발표한 지 10년이 지났지만 변함없이 유지되고 있다. 국립묘지법 제5조 1항 "장성급 장교 또는 20년 이상 군에 복무한 사람 중 전역·퇴역 또는 면역된 후 사망한 사람"이라는 게 그 이유다.

현행 상훈법 제8조에는 "서훈 공적이 거짓으로 밝혀진 경우나 국가 안전에 관한 죄를 범해 형을 받거나 적대 지역으로 도피한 경우, 형법·관세법·조세범 처벌법 등에 규정된 죄를 범하여 사형·무기 또는 3년 이상의 징역·금고형을 받은 경우에만 서훈을 취소할 수 있다"라고 명시돼 있다.

어디에 잠들었나? 장군제1묘역 19번

국가공인 친일파 김백일의 묘는 국립서울현충원 장군제1묘역 최상단에 자리잡고 있다. 이승만 대통령의 묘소 뒤쪽으로 우뚝 솟은 언덕으로 계단을 따라 끝까지 올라가면 김백일의 묘를 만나게 된다. 그의 묘에 서면 국립서울현충원 전경과 쭉 뻗은 한강이 보인다. 장군제1묘역 건너편이 일본 만주군 출신 박정희 전 대통령의 묘소다.

현충원과 한강을 굽어보는 김백일 묘

02
—
신응균
—
대한민국 포병의 아버지가 감추고 싶은 이력 하나

신응균申應均, 1921-1996 스스로도 "두 번이나 죽을 고비를 넘겼다" 말할 정도로 1945년 4월부터 시작된 일본과 미국의 오키나와 전투는 치열했다. 전투에 참여한 신응균은 해방 후 한참이 지나서야 "미군이 조선인은 고향으로 돌려보내준다"라는 말을 듣고 미군에 투항한 뒤 해방된 조선에 돌아왔다.

1946년 5월, 신응균이 수년 만에 만난 부인에게 당시의 상황을 자세히 전했다. 당시 신응균의 부인은 훗날 세계적인 패션디자이너가 되는 노라노Nora Noh 씨다.

항일과 친일의 역사 따라 현충원 한 바퀴

"가까스로 살아나 산속에 숨어 지내며 게릴라전을 계속했소. 그러다 부상을 당해 어느 일본 여인에게 구조되었소. 그러고는 그 여인의 집에 은신하며 모든 것을 체념하고 살았었소. 그런데 오키나와에 주둔한 미군들이 조선인은 고향으로 돌려보내 준다지 않겠소. 그 소문을 듣고 나는 용기를 냈소." 〈나의 선택 나의 패션〉, 《중앙일보》(2006.12.26.)

국가공인 친일파 신응균은 1921년 일본 나고야에서 태어났다. 일본 육군사관학교 출신이자 30년 넘게 일본 군인으로 복무한 친일파 신태영申泰英의 장남이다. 신응균이 태어날 때 신태영은 일본 나고야 3사단에서 복무 중이었다.

신응균은 아버지 신태영을 따라 일본 육군사관학교에 입학한 후 20세가 되는 1940년 2월에 53기로 졸업했다. 이후 일본 육군과학학교 포병과, 육군중포병학교에서 신식 군사기술을 습득한다. 1943년 12월에 대위로 진급한 신응균은 1945년 오키나와 전투가 발발하자 일본군 장교로 참전했다. 이 점이 신응균을 국가공인 친일파로 선정하는 주된 이유가 됐다.

— '일본군 장교'에서 '대한민국 장교'로 변신

1946년 3월, 해방된 조국에 돌아온 신응균은 다른 친일파 출신 군인들과는 다소 다른 행보를 보인다. 진명여고에서 수학을 가르친 것이다. 하지만 1948년 7월, 제주 4·3사건과 남한 단독정부 출범 등으로 정국이 혼란스러워지자 대한민국 국군이 됐다.

항공이등병으로 입대해 보좌관으로 복무하며 국방법과 국군조직법 등의 기초를 다듬는 임무를 맡았다. 계급은 이등병이었지만 하는 일은 고위직 업무였다. 이에 대해 민족문제연구소는 친일인명사전에 "신응균이 일본군 장교로 복무한 것을 반성하는 뜻으로 이등병으로 입대했다는 설도 있다"라고 기록했다.

그러나 신응균은 이등병으로 입대한 지 한 달 만인 1948년 8월에 대한민국 육군 장교가 됐다. 이후로는 탄탄대로였다. 1949년 3월, 병기에 관한 모든 실무를 책임지는 특별 참모부서의 우두머리인 육군본부 병기감을 거쳐 호국군 간부학교 교장, 포병연대장, 육본 포병감 겸 포병학교 교장을 역임했다.

1950년 한국전쟁 땐 야전포병 사령관으로 활동했다. 야전포병 사령관은 대한민국 국군 포병의 최고 책임자다. 때문에 대한민국 국군은 신응균을 두고 '한국 포병의 아버지'라 부르고 있다.

한국전쟁 이후에도 그는 2사단장, 육군 관리부장을 거쳐 육군 중장에 올랐다. 1948년 7월 이등병으로 입대한 지 만 7년도 안 돼 대한민국 육군 3성 장군이 된 것이다.

1959년 별 세 개를 단 장군으로 예편한 신응균은 이승만 대통령의 명에 따라 주駐터키 대사로 부임했다. 박정희가 군사쿠데타를 일으켜 정권을 잡은 1961년에는 국방부 차관을 거쳐 주서독 대사로 임명됐다. 1970년 박정희 정권에서 초대 국방과학연구소 소장에 임명됐으며, 1973년부터 1982년까지 재향군인회 부회장을 지냈다.

— 일본의 침략전쟁에 적극 참여한 신응균

반민규명위는 "신응균이 일본군 장교로 오키나와 전투에 적극 참여한 사실"을 근거로 '국가공인 친일파'로 결정해 발표했다.

신응균은 1940년 일본 육군사관학교를 졸업하고 포병 소위로 임관했다. 이후 육군중포병학교에서 복무하던 중 전세 악화에 따라 오키나와에 파견됐다. 신응균은 독립 중포병 제100대대 중 일부를 직접 지휘하면서 종전까지 일본군의 오키나와 방어전에 직접 참여해 일제의 침략전쟁에 적극 협력했다.

반민규명위가 신응균의 보고서에 직접 인용한 후지와라 아키라藤原彰의 《일본군사사日本軍事史》에는 다음과 같은 내용이 있다.

(오키나와 전투는) 적의 손에 함락되는 것을 절대로 인정하지 않은 천황제 이데올로기 전쟁관이 만든 비극이었다. 3개월의 격전 끝에 오키나와 의용군을 포함한 약 10만의 수비대는 거의 전멸했다. 이 과정

에서 은신처와 식량을 빼앗긴 20만의 오키나와 현민 역시 전화의 희생양이 됐다.

신응균 자신도 오키나와 전투 참여에 대해《(일본 육사·해사)동기생사 정간보》에 기록을 남겼다.

우리 대대는 1944년 6월 중포교에서 편성된 현역병 정예부대였다. 7월 중순 규슈 북단에서 승선해 오키나와로 향했다. 미국 잠수함이 출몰하는 위험한 항로였지만 우군기의 계속된 호위로 비밀리에 무사히 나하에 상륙했다. 나는 선임 소대장이었기 때문에 대대 주력으로부터 떨어져 89식 150mm 캐논포 2문의 소대를 이끌고 오키나와 본도 북부를 맡고 있는 독립혼성 제44여단에 배속됐다.

신응균이 오키나와 전투에 참전했을 당시 오키나와에는 1만여 명이 넘는 조선인이 끌려와 비행장 구축 등 강제노동에 시달렸다고 전해지고 있다. 대부분 '군부'로 강제 동원됐지만 정확한 규모나 피해 상황은 지금까지도 파악되지 않고 있다.

한·중·일 3국 공동역사편찬위원회가 만든《미래를 여는 역사》에는 "주민 사망자 중에는 전투에 휘말려 죽은 사람들뿐만 아니라 일본군에 의해 집단자결로 내몰려 죽은 경우와 스파이 혐의로 살해된 경우, 피난했던 참호에서 군대가 쫓아내 죽은 경우가 다수 포함됐다"면서 "총알받

이로 내몰린 오키나와 주민과 일본군에 의해 강제로 끌려온 한국인·대만인 등 식민지 주민, 군국주의에 세뇌당해 스스로를 소모전에 바친 어린 병사들이 오키나와 전쟁의 희생자"라고 기술되어 있다.

1990년대 들어 오키나와 남부에 위치한 평화공원 안에 '평화의 비'가 세워졌다. 가해자와 피해자를 가리지 않고 24만여 명의 전사자 이름이 새겨졌다. 이 중에는 한국인 364명, 조선민주주의인민공화국인 82명, 대만인 34명 등의 이름도 포함됐다.

＿ "부끄럼 없는 소신으로 업적을 남기다"

1996년 75세로 사망한 신응균은 사망 직후 국립현충원에 안장됐다. 그러나 국립서울현충원 장군제1묘역 입구에 자리한 친일파 신응균의 무덤은 정부가 친일파 결정을 통보한 지 10년이 지났지만 큰 변화없이 유지되고 있다. 신응균은 국립서울현충원에 묻힌 김백일, 신태영, 이응준, 이종찬과 마찬가지로 국립묘지법 제5조 1항 "장성급 장교 또는 20년 이상 군에 복무한 사람 중 전역·퇴역 또는 면역된 후 사망한 사람"이라는 근거로 현충원에 잠들었다.

어디에 잠들었나? 장군제1묘역 288번

국가공인 친일파 신응균의 묘는 국립서울현충원 장군제1묘역 입구 바

장군1묘역 입구 호랑이상. 입구 바로 뒤쪽에 국가공인 친일파 신응균의 묘가 있다.

로 뒤쪽에 위치해 있다. 호랑이 석상 두 마리가 서 있는 곳이다. 건너편에 만주군 출신 박정희 대통령 묘소가 있다. 신응균의 묘소를 찾는 것은 어렵지 않다. 박정희 대통령 묘소를 목표로 잡고 이동하면 된다.

항일과 친일의 역사 따라 현충원 한 바퀴

신태영

"야스쿠니가 목표"라고 외쳤던 대한민국 국방부 장관의 과거

조선인들은 한시바삐 제국의 신민이 되어 동아시아를 개척해야 한다. 내 첫 출진의 목표는 야스쿠니 신사(안장이)다.

국가공인 친일파 신태영申泰英, 1891-1959이 1943년 11월 17일 〈경성일보〉에 발표한 수기 중 일부다. 당시 신태영은 학생들을 전쟁에 동원하기 위해 만들어진 '임시특별지원병제도 종로익찬위원회'에 참여해 조선인의 병력 동원을 선전하고 선동하는 역할을 했다. 이후 예비역 중좌로 해주 육군병사부에 근무하며 전시체제 병력 동원과 군사훈련 등 실무를 담당했다. 적극적으로 청년들을 전선에 내보내는 역할을 했던 것

이다.

신태영은 일본 군인으로 30여 년간 복무했다. 기간이 길었던 만큼 일본에 철저히 부역했다. 2009년 신태영을 국가공인 친일파로 지정한 반민규명위 역시 이러한 '과정'에 집중했다.

신태영은 1914년 일본 육군사관학교를 졸업하고 나고야 제3사단 보병 제33연대에서 일본군 장교로 복무하기 시작했다. 1918년 중위로 진급하고, 같은 해 대소간섭전쟁(1917년 러시아 혁명으로 성립된 소비에트 정부를 무너뜨리려고 미국·영국·프랑스·일본 등이 일으킨 전쟁)에 참전했다. 1924년을 전후해 조선군 소속을 명받아 1933년경까지 근무했다. 그사이 대위와 소좌로 진급했다. 1938년에는 중좌로 승진했다. 그는 이후에도 계속 일본군 장교로 복무하면서 1942년 용산정차장 사령관을 역임했다.

일본 장교로 복무했던 신태영은 해방이 되자 대한민국 군인이 됐다. 1948년 10월 여순사건이 일어나자 자진 입대해 육군 대령이 되었다. 일본군 중좌(중령)로 전역한 그가 더 높은 계급을 달고 대한민국 국군의 고위 장교가 된 것이다.

입대와 동시에 육군본부 초대 행정참모부장 겸 국방부 제1국장을 맡았던 그는 이듬해 5월 육군 준장으로 승진해 별을 달았다. 준장으로 승진하고 다섯 달 뒤에는 별 두 개인 육군 소장이 됐다. 동시에 제3대 육군 참모총장도 맡았다.

1950년 4월 당시 국방부 장관인 신성모 등과 의견 충돌로 자진 퇴역했다가, 두 달 뒤 한국전쟁이 발발하자 다시 전북편성관구 사령관에 임명됐다. 군 수뇌부와 충돌해 1950년 7월에 면직되기도 했으나 얼마 안 가 다시 요직을 꿰찼다.

군 경험이 전무한 이기붕이 국방부 장관이 되자 이승만 대통령은 전란 중에 다시 신태영을 찾았다. 신태영은 1952년 1월, 육군 중장으로 승진했다. 그해 3월 29일에는 대한민국 4대 국방부 장관이 돼 이듬해 6월까지 재임했다. 이후엔 친일파 백홍석에 이어 재향군인회 3·4대 회장직을 맡았다. 1954년에는 민병대 총사령관도 역임했다.

── "대한민국 최고 명당에 잠든" 친일파 신태영

신태영은 1959년 4월 8일 68세의 나이로 사망했다. 1974년 국립서울현충원으로 이장돼, 현재 국가공인 친일파 이응준과 함께 장군제2묘역에 잠들어 있다. 이곳은 국립서울현충원 안에서 가장 논란이 되는 장소 중 하나다. 두 사람의 묘 아래쪽에 대한민국 임시정부 요인들과 독립운동을 하다 희생당한 애국지사 및 순국선열들의 묘역이 자리하기 때문이다. 실제로 두 묘역 사이의 거리는 직선으로 40m도 안 된다.

1993년 운명한 독립운동가 조경한趙擎韓 지사가 "내가 죽거든 친일파가 묻혀 있는 국립묘지가 아니라 동지들이 묻혀 있는 효창공원에 묻

어달라"는 유언을 남기고 떠난 이유이기도 하다. 하지만 조경한 지사의 유언은 실현되지 못했다. 조경한 지사가 서거했을 당시 효창공원은 용산구에서 관리하는 근린시설이었다. 이는 곧 김구金九, 윤봉길尹奉吉, 이봉창李奉昌, 차리석車利錫 등 순국선열과 애국지사들이 잠들었지만 더는 무덤을 조성할 수 없는 공간이라는 의미였다. 대한민국 임시정부의 마지막 비서장이었던 조경한 지사는 국립묘지법에 따라 현충원에 안장됐다. 그의 무덤과 친일파 묘역까지의 거리는 직선으로 75m에 불과하다.

2020년 1월 2일 국립서울현충원에서 광복회 시무식을 진행한 김원웅 광복회장은 "천황폐하 만세를 외쳤던 친일파들이 대한민국에서 가장 명당자리인 이곳에 잠들어 있다"면서 "이런 이들을 두고 (극우 언론에서) 국민화합과 단결을 외치는데 이게 일제강점기 내선일체와 뭐가 다른가"라고 일갈했다.

그러나 장군제2묘역 입구에 2020년을 맞아 새롭게 세워진 현판에는 "한국전쟁 중인 1952년 국방부 장관을 역임한 신태영 중장 등 6위가 모셔져 있다"면서 "조국과 민족을 위해 헌신하신 장군들의 숭고한 얼을 기리면서 경건한 마음으로 추모해주시기를 바란다"라고만 기록됐다. 친일 행적과 관련된 내용은 어디에도 없다.

국립서울현충원 신태영의 묘비에는 "개화의 선구자로 호국의 간성干城(나라를 지키는 군인)이시었다"면서 "강직과 청렴으로 시대의 등불이었다"라고 새겨졌다.

항일과 친일의 역사 따라 현충원 한 바퀴

장군제2묘역 입구

개화의 선구자로 호국의 간성이었고, 강직과 청렴으로 시대의 등불이었으며, 덕과 지용으로 국군을 세워 기르셨으니 뜻의 굳으심이 눈바람에 푸르른 청송이시오. 덕의 굳으심이 뭇 봉우리 우뚝한 태산이시라. 높은 뜻 해와 함께 이 땅 위에 머무르시고 빛난 달과 함께 어둠 속의 등불 되시어 조국을 길이길이 비치오소서. 비치오소서.

반민규명위는 "신태영이 일본 육사 졸업 이래 30여 년간 일본군 장교로 복무하면서 대소간섭전쟁에 참여하고, 중등학교 군사교육을 담당한 군사 교관으로 재직했으며, 전시 후방 병참을 위한 용산정차장 사령관을 역임했고, 병력 동원과 군사훈련을 주도한 해주 육군 병사부 과장으로 복무했다"면서 "일제의 침략전쟁에 적극 협력했다"고 강조했다. 그러면서 위원회는 "신태영이 강연회 등에 참석해 조선인 병력 동원 등

선전·선동으로 일제의 침략전쟁에 적극 협력했다"라고 했다.

순국선열과 애국지사 묘역 위쪽에 잠든 친일파 신태영의 무덤은 정부가 친일파 결정을 통보한 지 10년이 지났지만 큰 변화 없이 유지되고 있다. 신태영은 아들 신응균과 마찬가지로 국립묘지법 제5조 1항 "장성급 장교"라는 이유로 현충원에 잠들어 있다.

어디에 잠들었나? 장군제2묘역 3번

국가공인 친일파 신태영의 묘는 국립서울현충원 장군제2묘역 가운데(3번)에 자리해 있다. 장군제2묘역은 임시정부요인묘역과 애국지사묘역 상단에 조성됐다. 두 묘역 간 거리는 직선으로 40m에 불과하다.

장군제2묘역 입구 아래쪽에 대한독립군무명용사위령탑이 자리해 있다. 국립서울현충원 소개 문구에도 "이 탑은 일제 강점기에 만주와 연해주 지역에서 조국을 되찾기 위해 독립운동을 하다 이름 없이 사라져간 무명독립군을 기리기 위해 2002년 5월 임정묘역 위쪽에 건립됐다"라고 명시됐다. 그러나 이름 없이 사라져간 독립군들의 위령탑 앞쪽에는 수십 년째 무탈하게 잠들어 있는 국가공인 친일파 두 명의 묘역이 있다.

무명용사탑

신태영의 묘

04

—

이응준

—

"천황에게 충성을" 외치던 대한민국 국군의 아버지

"군의 아버지시여."

1985년 사망한 국가공인 친일파 이응준李應俊, 1890-1985의 묘비에 새겨진 말이다. 일제강점기 일본 군인으로 30여 년 동안 복무한 이응준을 우리 국군의 '아버지'라 칭한 것이다. 묘비에는 "님은 힘을 믿으셨기에 겨레를 위해 힘을 창조하였다. 님은 힘의 노예가 되지 않으시고 관용과 사랑을 택하였다"라고 이어진다.

이응준은 1914년 5월 일본 육사를 졸업한 이후 1945년 8월 해방 때까지 단 한 번도 다른 길을 걷지 않고 일제의 군인으로 일본에 충성한 인물이다. 이 때문에 당시로는 매우 드물게 조선 출신임에도 일본군 대

항일과 친일의 역사 따라 현충원 한 바퀴

좌(대령) 계급까지 올랐다.

반민규명위는 이응준의 이러한 행보에 집중했다. 특히 "일본 육사 동기인 지청천池靑天(훗날 광복군 총사령)이 1919년 일본 군적을 버리고 중국으로 탈출한 것과 달리 이응준은 일본군 장교의 신분에 안주하고 반평생을 일제에 충성하는 직업군인이 되었다"면서 "조선인으로서의 자각은 갖고 있었다고 보이지만 군인으로서 충성해야 할 국가에 대한 관념이 결여돼 결국 일본제국에 충성하는 조선 출신 일본군 장교로서 그의 전반기 생애를 보내는 결과를 초래했다"라고 평가했다.

─ 대한민국 초대 육군참모총장이 된 일본군 대령

이응준은 해방 후에도 승승장구했다. 1945년 8월 일제가 패망하자 함경남도 원산항에서 수송 업무를 담당하던 이응준은 개인적으로 탈출해 서울에 들어왔다. 이후 과거에 대한 반성 없이 전국조선임시군사준비위원회 위원장을 맡았다. 해방 후 3개월 뒤인 1945년 11월의 일이다.

이때부터 이응준은 미군정에 적극적으로 협력했다. 미군정청 국방사령부 국방사령관 고문으로 위촉된 이응준은 대한민국 국군이 창설될 때 주도적인 역할을 했다. 특히 김백일, 백선엽, 김홍준 등 일본군과 만주군 출신 군인들을 미군정이 운영한 군사영어학교에 입교시킨 뒤 국군의 전신인 국방경비대에 입대시키는 데 핵심적인 역할을 했다. 묘비에 새겨진 말처럼 일본군과 만주군 출신 인사들을 기반 삼아 국군을 창설함으로써 역설적으로 '대한민국 국군의 아버지'가 됐다.

대한민국 헌법 전문에는 "유구한 역사와 전통에 빛나는 우리 대한 국민은 3·1운동으로 건립된 대한민국 임시정부의 법통과 불의에 항거한 4·19민주이념을 계승했다"라고 명시돼 있다. 이는 곧 국군의 뿌리가 대한민국 임시정부가 창설한 광복군에 있음을 의미한다. 그 어디에도 이응준과 같은 일본군 출신이 대한민국 국군을 창군했다는 말은 없다.

한국광복군은 1940년 9월 17일 중국 충칭에서 김구 주석과 지청천, 이범석李範奭 등이 중심이 돼 조직한 대한민국 임시정부의 정규 국군이다. 1942년 약산 김원봉 장군의 조선의용대를 흡수한 뒤 정규군으로서의 면모를 만방에 과시했다. 한국광복군 사령관은 이응준의 일본 육사 동기로 활동하다 독립군이 된 지청천 장군이 맡았다.

국방경비대총사령부 감찰감과 국방경비대 제3여단장을 거친 1948년 8월 15일 남한 단독정부 수립 후 초대 육군참모총장에 올랐다. 한국전쟁을 거치면서 5사단장, 전라남도편성관구사령관, 마산지구계엄사령관, 제주지구계엄사령관, 전라남도계엄민사부장도 두루 맡았다. 한국전쟁 중 국방장관이었던 신성모와의 불화로 1950년 11월 전역한 뒤 상이군인회 회장이 됐지만, 신성모가 물러난 뒤 다시 복직해 육군대학 총장과 육군훈련소 소장을 지냈다.

1955년 9월 육군 중장으로 예편한 뒤에는 본격적으로 정치인의 길을 걸었다. 이승만 대통령은 그를 체신부 장관에 임명했다. 1958년 가을부터는 자유당 성북구을 지구당 위원장을 지냈다. 1961년 박정희 대통령의 5·16군사정변 후 '정치활동정화법' 대상자로 분류돼 정치 활동이 규제됐지만 1963년 해제 후엔 신정당 등 야당에서 활동했다. 1967년 반공연맹 이사장, 1979년 국정자문위원, 1980년 국방정책 자문위원장, 통일원 고문을 지낸 뒤 1983년 인촌문화상을 수상했다. 이응준은 1985년 7월 8일 95세의 나이로 사망 후 지금의 국립서울현충원 장군제2묘역에 묻혔다.

— **"천황을 위해 죽음으로써 책무를 완수하자"**

초임 장교 시절부터 일제의 침략전쟁에 적극적으로 참여한 이응준은 1935년과 1939년에 일본군 장교로 장기간 복무한 공적을 인정받아 일본 정부로부터 두 차례 훈장을 받는다.

반민규명위도 1920년대와 1930년대 이응준의 친일 행적을 보고서에 상세히 기록했다.

이응준은 1918년 대소간섭전쟁에 출정해 그 지역 조선인에 대한 선무공작을 하는 등 정보 수집 업무에 종사했다. 1920년대에는 조선군 소속 장교로 곽송령사건, 제남사건, 장작림폭살사건 등 일제의 중국 무력간섭 침략 행위에 참가해 일제의 대륙침략정책에 일본군 장교로 참가했다. 1937년 중일전쟁 발발 후 일본군 중좌로 중국 전선에 출정해 각종 전투에 참여했다. 이후엔 북지파견군 소속으로 병참 수송 업무 및 청도 교육대장, 산둥성 황해안 전투 등에 참전해 병참 수송 업무를 담당하며 적극적으로 침략전쟁에 협력했다.

1941년 일본군 육군 대좌로 승진한 이응준은 이후로 신병 보충과 교육 업무, 후방에서 전쟁을 지원하는 수송 업무에 집중했다. 동시에 이응준은 여러 차례 "조선의 청년들이 일본 군인이 돼 전쟁터로 나가 목숨을 바쳐 천황에게 충성을 다해야 한다"라며 공개적으로 선동하는 발언을 했다. 다음은 일제의 기관지였던 〈매일신보〉 1943년 8월 3일자에 실린 "생사를 초월하라"라는 제목의 기사 중 일부다. 기사는 이응준 회견기 형태로 작성됐다.

〈매일신보〉(1943.08.03.)

항일과 친일의 역사 따라 현충원 한 바퀴

금회 조선에 징병제 실시에 의하여 조선 청년에게도 국가 방위의 숭고한 병역 의무가 부여된 것은 말할 것도 없이 무상의 광명이며 명예다. 자기 나라를 자기 손으로 수호함은 국민의 지고한 의무인 동시에 당연한 권리다. 대원수 폐하의 고굉(손과 발)으로 황군의 일원으로 한번 죽음으로써 그 책무를 완수하는 것이야말로 명예를 완수하는 길이다.

반민규명위는 "이응준의 이러한 행위가 〈일제강점하 반민족행위 진상규명에 관한 특별법〉 제2조 10호 '일본 제국주의 군대의 소위 이상의 장교로서 침략전쟁에 적극 협력한 행위', 〈특별법〉 제2조 11호 '학병·지원병·징병 또는 징용을 전국적 차원에서 주도적으로 선전 또는 선동하거나 강요한 행위', 〈특별법〉 제2조 19호 '일본제국주의의 식민통치와 침략전쟁에 협력해 포상 또는 훈공을 받은 자로서 일제에 현저히 협력한 행위'에 해당한다"라고 평가했다.

친일파 신태영과 함께 국립서울현충원 장군제2묘역 첫 번째 자리에 묻힌 이응준은 정부가 국가공인 친일파로 결정을 통보한 지 10년이 지났지만 아무런 상황 변화 없이 잠들어 있다. 그의 무덤 우측 하단에는 일제에 항거하다 목숨을 잃은 순국선열과 애국지사들이 잠들어 있다. 그중에는 이응준과 더불어 일본 육사를 나온 뒤 1919년 중국으로 망명 후 훗날 광복군 총사령관까지 되는 지청천 장군도 있다.

어디에 잠들었나? 장군제2묘역 6번

국가공인 친일파 이응준의 묘는 국립서울현충원 장군제2묘역 입구에 자리해 있다. 장군제2묘역 입구 앞쪽에는 대한독립군무명용사위령탑이, 아래에는 임시정부요인묘역과 애국지사들의 묘역이 있다.

장군제2묘역 입구에 새롭게 새워진 안내판에는 "초대 육군참모총장을 역임한 이응준 육군 중장"이라는 문구 이외에는 친일과 관련된 그 어떤 내용도 기록되지 않았다.

이응준의 묘에서 바라본 애국지사들 무덤. 가운뎃줄 오른쪽에 있는 무덤 중 하나가 지청천 장군의 묘다.

항일과 친일의 역사 따라 현충원 한 바퀴

05

이종찬

—

3대가 친일했지만 묘비엔 '명문 혈통'으로 언급된 대한민국 국방부 장관

— 호국의 큰 별 이종찬 장군

국가공인 친일파 이종찬李鍾贊, 1916-1983의 묘비에 새겨진 말이다. 이종찬은 1905년 11월 을사늑약 당시 법부대신으로 일제로부터 자작 작위를 받은 이하영李夏榮의 손주이자 일제강점기 대표적인 친일단체 조선귀족회에서 이사와 부회장을 지낸 이규원李圭元의 장남이다. 이하 영과 이규원 그리고 이종찬, 3대에 걸쳐 온 집안이 친일반민족 행위를 했다. 그러나 이종찬의 묘비에는 전혀 다른 내용이 새겨졌다.

호국의 큰 별 이종찬 장군은 경주이씨의 후손으로 조(이하영)는 정2

품 정헌대부 외부대신·법무대신 휘 하영 공이며, 부(이규원)는 종2품 가선대부 시종원 시종이었던 휘 규원 공이니라. 명문의 혈통으로 지인용을 겸비한 자로 일찍이 건국의 포부를 지녀 6·25동란 시엔 제3사단장으로서 북진의 선봉장이 되어 이 나라 전사에 탁월한 전략 전술가로서의 영명을 남겼도다.

1937년 일본 육군사관학교 49기로 졸업한 이종찬은 일본 육군 소위로 임관 후 바로 중일전쟁과 태평양전쟁에 적극적으로 동참했다.

일본 입장에서 조선 귀족 이하영의 손자가 소대장 신분으로 중일전쟁에 참전했다는 사실만으로도 '노블레스 오블리주'의 상징처럼 여겨졌다. 당시 언론도 이러한 점을 주목했다.

일제의 기관지였던 〈매일신보〉는 1938년 9월 13일자 신문에 "이종찬은 지나사변(중일전쟁)이 시작되자마자 참전해 상하이 방면에서 큰 활약을 했다"면서 "북지와 남지를 전전하며 공훈을 세웠다"라고 크게 보도했다. 이종찬이 직접 쓴 "일본 천황의 은혜에 보답한다"라는 내용의 진중시도 게재했다.

적병들이 왕가진을 사수하니
육탄으로 돌격한 15용사여
화염과 폭음이 천지를 뒤흔드니
그 이름 천추에 전해져 천황의 은혜에 보답하네

왕가진의 15용사를 읊다

1938년 중위로 진급한 이종찬은 1941년 3월 대위로 진급한 뒤 공로를 인정받아 훈6등의 훈장도 받았다. 그런데 이듬해인 1942년 2월 이종찬은 다시 한 번 훈장을 받는다. 이번에는 놀랍게도 최고등급인 '금치훈장金鵄勳章'이었다. 일제강점기 36년을 통틀어 조선인 출신 일본군 장교 가운데 금치훈장을 받은 건 이종찬이 유일했다. 1942년 2월 24일자 〈매일신보〉에 이종찬의 금치훈장 수상이 자세히 보도되었다.

일억 국민이 아직까지 국민적 감격을 금치 못하고 있는 23일 지나사변 논공행상이 발표됐다. 혁혁한 무공을 세운 이종찬 중위가 금치훈장의 은명을 배수하여 영예를 떨치었다. 이종찬 대위는 조선귀족회 부회장 이규원 자작의 영식으로 소화 12년(1937년) 6월 육사를 졸업하자 소위로 임관해 그래 8월 지나사변이 발발함과 동시에 용약 제일선에 출동해 용맹을 날리었다.

1942년 태평양전쟁이 시작되자 이종찬은 육군 포공학교를 거친 후 뉴기니에 공병으로 파병됐다. 그곳에서 태평양전쟁이 종료될 때까지 전선을 옮기며 일제에 부역했다. 전쟁 후반부에는 독립공병 15연대 연대장 대리를 맡기도 했다.

— 해방 후 '참군인'으로 평가받은 국가공인 친일파

국립서울현충원 장군제3묘역 첫 번째 무덤에 잠들어 있는 이종찬은 해방 후 1년 뒤인 1946년 6월에 한국에 돌아왔다. 일본 군인으로 복무했던 것을 반성한다는 의미로 잠시 은둔 생활을 했지만 1949년 6월 육사 정훈 1기를 거쳐 대한민국 육군 대령으로 임관했다. 일본군 당시 마지막 계급이 대위였던 이종찬은 대한민국 육군 대령으로 임관한 후 국방부 제1국장 겸 정훈국장에 임명됐다. 한국전쟁이 발발한 뒤에는 수도경비사령관을 거쳐 3사단장을 역임했다. 1951년 6월 별 두 개인 육군 소장으로 진급한 뒤 육군참모총장에 임명됐다.

1952년 5월 부산정치파동(이승만 대통령이 재선을 위해 전쟁 중 임시 수도인 부산에서 강제로 국회의원을 연행하고 구속한 사건) 때 당시 이승만 대통령은 이종찬에게 병력 출동을 지시했으나, 이종찬은 응하지 않고 정치적 중립을 견지하는 훈령을 내렸다. 그리고 육군참모총장 자리에서 곧바로 해임됐다. '이종찬'을 검색하면 '참군인'이라는 말이 따라붙는 연유다.

참모총장 자리에서 해임된 이종찬은 1952년 미국 유학길에 올랐다. 1953년 귀국 후 육군대학 총장에 취임했고, 1960년 이승만 대통령이 4·19혁명으로 물러나자 허정 내각은 이종찬을 국방부 장관으로 임명했다. 1961년 박정희 대통령의 5·16군사정변 후 주이탈리아 대사로 부임해 1967년까지 직을 수행했다. 1976년 공화당 소속으로 9대와 10대 국회의원을 지내고 1980년 국회가 해산되자 예비역 장성 모임인 성우구락부 회장을 지냈다. 1983년 2월 10일 사망했다.

항일과 친일의 역사 따라 현충원 한 바퀴

반민규명위는 보고서에 "1937년 일본 육사를 졸업하고 육군 공병 소위로 임관해 중일전쟁부터 태평양전쟁에 이르는 일제의 침략전쟁에 참전해 적극 협력했다"면서 "중일전쟁에 참전했을 때 상해 일대에서 소대장으로 활약하며 금치훈장을 받기도 했다"라고 기록했다.

어디에 잠들었나? 장군제3묘역 1번

작은 고개가 있지만 이종찬과 임정요인묘역 사이의 거리는 65m에 불과하다. 현충원 정문에서 15분 정도 안쪽으로 쭉 들어가면 장군제3묘역이 나온다. 그의 묘 바로 옆에는 최고급 봉안 시설로 평가받는 충혼당이 위치해 있다. 현충원 홈페이지에 게시된 내용에 따르면 2018년 12월 기준 120명의 애국지사가 충혼당에 잠들어 있다.

장군제3묘역 최상단에 자리한 이종찬 묘에서 바라본 국립서울현충원 전경. 사진 속 우측 건물이 충혼당이다.

06

백낙준

—

해방 후 독립유공자 심사위원이 된 연세대 총장의 과거

국립서울현충원에 잠든 일곱 명의 국가공인 친일파 중 군인이 아닌 인물이 하나 있다. 연희전문학교 초대 총장이자 문교부 장관, 초대 참의원 의장을 지낸 백낙준白樂濬, 1896-1985이다. 국립서울현충원 국가유공자묘역에 자리한 그의 묘에는 아래와 같은 문구가 새겨져 있다.

나는 전쟁을 앞뒤에 두고 나고 자라고 일하는 동안 민족을 붙들고 살리는 방도가 교육에 있음을 알고 일생 사업으로 교육에 종사하여 왔다.

항일과 친일의 역사 따라 현충원 한 바퀴

일제강점기 백낙준의 삶은 묘비에 새겨진 말과는 큰 차이를 보인다. 백낙준은 일제강점기부터 교육자이자 언론인, 종교인으로 활동하며 설교, 사설 등을 통해 일제에 협력했다. 특히 〈기독교신문〉의 편집위원과 이사로 활동하며 적극적인 친일 활동을 전개했다. 다음은 1942년 5월 20일 백낙준이 직접 작성해 〈기독교신문〉에 실은 설교문 "내 아버지의 집" 중 일부다.

우리 제국의 궐기는 대동아 공존공영과 세계평화를 위한 정의의 옹호다. 이러한 성전에 몸과 정성을 받들 수 있는 것은 황국에 생을 향유하고 있는 우리 신민 된 자에게 무한한 영광이다. 예수 말씀하시기를, 자기 나라가 이 세상 나라였다면 그 신하가 싸울 것이라 했다.

백낙준이 직접 편집과 설교, 사설을 써가며 자신의 친일 행각을 알린 〈기독교신문〉은 1942년 4월 29일 일왕 히로히토의 생일인 천장절을 맞아 조선기독교협회가 창간했다. 〈기독교신문〉 창간 10년 전인 1932년 4월 29일은 윤봉길 의사가 중국 상하이 훙커우 공원에서 폭탄 투척 의거를 성공시킨 날이기도 하다. 반민규명위 역시 백낙준의 이러한 행적에 집중했다.

백낙준은 1942년 '종교보국'을 사명으로 창간된 기독교 신교 각파의 합동기관지 〈기독교신문〉 이사와 편집위원으로 재직하면서 황민화 정책과 전쟁 협력을 강조하는 지면을 편집하고 직접 설교와 사설을 썼다. '미영타도' 좌담회에 참석하고 전쟁협력을 역설하는 기고문을 반복적으로 발표하는 등 사회단체를 통해 일제의 식민통치와 침략전쟁을 적극 협력했다.

백낙준은 일제의 침략전쟁에 헌신적으로 부역하기 위해 '조선예수교 장로교도 애국기헌납기성회'라는 단체의 부회장으로도 활동했다. 1942년 9월 23일 〈기독교신문〉에는 이 단체에서 구입해 일제에 헌납한 해군 전투기 '조선장로호' 명명식 장면이 기사로 실렸다. 이 자리에는 목사 백낙준도 참석했다.

남으로 북으로 종횡무진의 활약을 하고 있는 우리 육해공군의 분투와 노고에 보답해, 총후 37만 장로교도 일동은 우리 무적해군에 해군기 1대와 병기 2정을 헌납한 사실을 누차 보도했다. 이 보국호(조선장로호)의 명명식은 '대공의 제전'에 전개된 항공일의 의도 깊은 9월 12일 오후 1시부터 경성 함태영 목사, 백낙준 목사 외 80여 명 장로회 대표들이 열석하고, 군관민 내빈 5천여 명이 모인 가운데 경성운동장에서 엄숙히 거행됐다.

─ 독립운동가 서훈 심사위원 된 백낙준

해방 후 한 달 뒤인 1945년 9월 백낙준은 큰 어려움 없이 미군정청 학무국 조선인교육위원회 위원으로 선임돼 김성수, 김활란 등과 함께 활동한다. 이어 10월부터는 경성대학(서울대학교 전신) 법문학부 부장에 임명됐고, 이듬해 1월부터는 연희전문학교 교장으로 취임한다. 1946년 8월 연희전문학교가 연희대학교로 승격되면서 백낙준은 초대 총장이 됐다.

1950년 5월부터 백낙준은 문교부 장관을 맡아 1952년 10월까지 재임했다. 이후 국민사상지도원 원장과 연희대학교 이사장을 맡았다. 1953년에 다시 연희대학교 총장으로 복귀해 1960년 5월까지 재직했다. 이 과정에서 1957년 1월 연희대학과 세브란스의대가 통합해 연세대학교가 설립되자 초대 총장으로 취임했다.

박정희 대통령이 1961년 5·16 군사쿠데타를 일으키자 당시 초대 참의원 의장으로 활동하던 백낙준의 정치 활동은 금지됐다. 이때부터 백낙준은 1985년 1월 89세의 나이로 사망할 때까지 연세대학교 명예 총장을 지냈다.

그런데 1968년 독립유공자 상훈심사가 열리자 박정희 정권은 백낙준을 독립유공자 상훈심사회 위원으로 임명했다. 친일파가 독립유공자를 심사하는 아이러니한 상황이 발생한 것인데, 《친일인명사전》 기준으로 친일반민족행위자로 등재된 조선사편수회 출신 신석호申奭鎬, 이병도李丙燾, 일제의 기관지 〈매일신보〉의 사회부장 출신 홍종인洪鍾仁 등도 백낙준과 함께 독립유공자 심사위원으로 박정희 정권 때 활동했다.

__ 24페이지에 걸쳐 작성된 친일 행적

반민규명위는 백낙준의 친일 행적을 A4용지 기준 24쪽에 달하는 분량으로 작성해 〈친일반민족행위진상규명 보고서〉에 남겼다. 1940년대 교육과 문화, 언론, 종교에 이르기까지 일제에 부역한 백낙준의 친일 족적이 그만큼 뚜렷했기 때문이다. 위원회는 "백낙준의 행위는 〈일제강점하 반민족행위 진상규명에 관한 특별법〉 제2조 제13호 '사회·문화기관이나 단체를 통해 일본제국주의의 내선융화 또는 황민화운동을 적극 주도함으로써 일본제국주의의 식민통치 및 침략전쟁에 적극 협력한 행위'에 해당한다"라고 평가했다.

백낙준은 평남 신성학교와 중국 천진(텐진)신학서원을 거쳐 미국 파크대학에서 수학하고 프린스턴신학교와 대학원을 졸업했다. 이후 예일대학원에서 철학 박사학위를 받고 귀국해 연희전문 교수로 재직하며 문과과장을 지냈다. 1940년 조선총독부로부터 조선예수교 장로회 포교자로 허가를 받은 뒤 각종 사회단체를 통해 일제에 협력하는 활동을 했다.

백낙준은 '국가사회 유공자'라는 이유로 사후 국립서울현충원에 묻혔다. 2009년 정부가 친일파로 결정한 지 10년이 지났지만 여전히 독립운동가들과 함께 누워 있다. 현행 상훈법이 개정되지 않는 한 강제로 이장할 방법은 없다.

항일과 친일의 역사 따라 현충원 한 바퀴

현행 상훈법에는 "서훈 공적이 거짓으로 밝혀진 경우나 국가 안전에 관한 죄를 범해 형을 받거나 적대지역으로 도피한 경우, 형법·관세법·조세범 처벌법 등에 규정된 죄를 범하여 사형·무기 또는 3년 이상의 징역·금고형을 받은 경우에만 서훈을 취소할 수 있다"라고 명시됐다.

어디에 잠들었나? 국가유공자제1묘역 26번

국가유공자제1묘역은 이승만 대통령 묘소 바로 뒤쪽에 조성된 곳으로, 친일파 김백일과 신응균이 잠든 장군제1묘역으로 가는 길목이기도 하다.

국가유공자제1묘역은 1983년 10월 9일 대통령의 버마(현 미얀마) 방문을 수행하여 아웅산 묘소에서 참배행사를 위해 정부 요인들이 기다리고 있던 중 북한군 정찰국 특공대의 테러에 의해 순국한 서석준 부총리 등 17위를 비롯해 백낙준 등 40명이 잠들어 있다. 백낙준의 묘 옆에는 김무성 전 의원의 장인인 최치환(28번)이 잠들어 있다. 최치환은 1943년 만주국 육군군관학교를 졸업 후 대한민국 육사를 거쳐 경찰이 됐다. 경찰 간부로 제주 4·3사건을 진압했으며 최연소 서울시경 국장을 맡았다. 경남 남해에서만 5선 국회의원을 지냈다.

유공자제2묘역 백낙준의 묘

07

김홍준
—

친일파 선정 발표 뒤 현충원에 재안장된 간도특설대원

'안장일자 2015-09-03.' 현충원 안장자 찾기 프로그램에서 친일파 김홍준金洪俊, 1915-1946을 입력하면 나오는 문구다. 그러나 안장이란 말과 달리 김홍준의 유해는 현충원에 없다. 위패만 있다. 이 위패도 중간에 다른 위패로 바뀌었다.

서울현충원을 관리하는 국방부에 직접 문의한 결과 담당자는 "김홍준은 현역 복무 중 사망했고 이후 1967년 현충원 위패봉안관 건립 시 위패가 봉안됐다"면서 "2015년 김홍준의 부인이 사망함에 따라 자녀들이 부부동반 안장 심의를 요청해 부인의 위패가 함께 봉안되었다"라고 답했다.

김홍준 위패 전경

2009년 반민규명위는 김홍준을 국가공인 친일파로 결정했다. 국가가 친일파로 인정한 후에도 김홍준의 위패가 현충원에 다시 세워진 것이다. 이에 대해 국방부 담당자는 "국립묘지 안장 후 친일 행적이 인정되더라도 국립묘지 외부로 이장할 수 있는 근거 조항은 없다"라고 설명했다.

김홍준은 〈국립묘지의설치및운영에관한법률〉 제5조에 명시된 "군인·군무원 또는 경찰관으로 전투나 공무 수행 중 상이를 입고 전역·퇴역 또는 퇴직한 사람으로서 사망한 사람"이라는 이유로 현충원에 잠들었다.

김홍준은 1946년 9월 26일 국방경비대 총사령부에서 근무하던 중 교통사고로 사망해 '순직군경' 자격을 얻었다. 2020년 3월 현재 김홍준의 위패는 국립서울현충원의 상징인 현충탑 바로 뒤쪽 부부위패묘역 정중앙에 있다.

___ 간도특설대 중대장 김홍준

1915년생인 김홍준은 21세 때 일제가 세운 만주국 펑톈군관학교에 입학했다. 이후 1937년 9월 5기로 졸업, 3개월간의 견습사관을 거쳐 12월에 보병 소위로 임관한다. 그의 동기 중에는 김백일, 신현준, 김석범, 송석하 등 국가공인 친일파가 다수 있다.

김홍준은 김백일, 신현준, 송석하와 마찬가지로 1938년 항일무장세력을 탄압하기 위해 만들어진 간도특설대 간부로 복무했다.

간도특설대는 1938년 12월 만주지역에 산개한 조선인 독립군을 소탕하기 위해 창설된 만주군 특수부대로, 부대장은 일본인 장교였으나 중대장과 소대장 이하 병사들이 대부분 조선인이었다. 김홍준은 간도특설대에서 기관총박격포중대의 연장(중대장)으로 활약하며 일본 정부로부터 두 차례 훈장을 받았다.

반민규명위는 당시 김홍준의 활동을 '간도특설부대 조직 활동'이라는 부제를 달아 보고서에 남겼다.

1944년 간도특설대는 러허성 유수림자 일대에서 항일무장부대에 대한 탄압을 대대적으로 펼친다. 이때 김홍준은 기박련(중기관총 2정, 8cm 박격포 1문이 포함된 부대)의 연장(중대장)으로서 직접 부대원들을 이끌고 활동에 앞장섰다.

그러면서 반민규명위는 "(김홍준이) 1944년 음력 2월 15일 밤, 유수림자에서 서쪽으로 50리에 있는 곳을 토벌했다"면서 당시 김홍준 소속 부대의 잔인한 행적들을 상세히 기록했다.

마을을 수사하는 중 XX련장(중대장)과 그의 통신병이 한 팔로군이 뛰어 들어오는 것을 보고 총을 쏘아 죽였다. 연장은 군도로 팔로군의 머리를 벤 후 그 머리를 유수림자에 가지고 가서 철가마에 삶아냈다. 그 연장은 팔로군의 두골(머리뼈)을 기념으로 남겨두었다.

반민규명위는 김홍준의 보고서에 "특설대 주요 간부로 복무하며 1944년 3월을 전후해 러허성 유수림자 일대 항일무장부대를 대대적으로 공격할 때 기박련 연장으로서 직접 부대원들을 이끌고 탄압에 앞장섰다"라고 평가했다.

간도특설대는 1945년 8월 일제의 패망으로 강제 해산될 때까지 "천황의 뜻을 받든 특설부대"라는 내용의 가사를 부대가로 썼다. 아래와 같다. 가사 중 대화혼大和魂은 일본의 민족정신을 이르는 말로, 가미카제 특공대가 이를 외치며 자살 공격을 감행했다.

시대의 자랑, 만주의 번영을 위한 징병제의 선구자, 조선의 건아들아! 선구자의 사명을 안고 우리는 나섰다. 나도 나섰다. 건군은 짧아도 전투에서 용맹을 떨쳐 대화혼은 우리를 고무한다. 천황의 뜻을 받든 특설부대, 천황은 특설부대를 사랑한다.

― 해방 후 신분 변화 꾀했지만

해방 이후 김홍준은 다른 친일파들과 마찬가지로 적극적으로 신분 변화를 꾀했다. 당장 미군정이 운영하는 군사영어학교에 입교하기 위해 노력했다. 그 결과 1946년 1월 김홍준은 군사영어학교를 1기로 졸업한 후 육군 소위로 임관할 수 있었다. 이후 김홍준은 국방경비대 4연대의 창설 중대장으로, 국방경비대 총사령부 보급과장으로 임명돼 안정적으로 자리를 잡아갔다. 그러나 대한민국 국군으로 신분을 바꾼 지 채 1년도 되지 않아 김홍준은 교통사고를 당해 사망했다. 1946년 9월 26일의 일이다.

해방 후 김홍준이 의탁한 국방경비대는 대한민국 국군의 전신으로 1946년 1월 15일에 미군정에 의해 창설됐다. 국방경비대는 각 도에 연대를 하나씩 늘려가는 방식으로 세력을 확장했다. 만주군 출신 원용덕이 국방경비대의 총사령관을 맡았고, 일본 육사 출신인 채병덕과 이형근이 각각 1연대장과 2연대장을 역임했다. 김홍준의 동기이자 간도특설대 출신인 김백일이 3연대장, 마찬가지로 간도특설대 출신인 정일권과 백선엽이 각각 4연대장, 5연대장을 맡았다. 1948년 8월 15일 대한민국 단독정부 수립과 동시에 국방경비대는 육군으로 개칭됐다.

어디에 잠들었나? **부부위패05-197**

국가공인 친일파 김홍준의 위패는 국립서울현충원 현충탑 뒤쪽 부부위
패묘 정중앙에 있다. 부부위패묘는 현충원 정문에서 도보로 7분 거리
로, 국립서울현충원에 잠든 국가공인 친일파 묘역 중 정문에서 가장 가
깝다.

현충문 뒤쪽에 자리한 부부위패묘에 국가공인 친일파 김홍준의 위패가 있다.

2장

국립서울현충원에 잠든
비공인 친일파들

박정희

—

만주군 박정희가 남긴 기록 "멸사봉공, 견마지로"

대통령 시절 박정희 모습 ⓒ 박정희기념관

민족문제연구소는 《친일인명사전》에 박정희朴正熙, 1917-1979 전 대통령에 대해 "문경공립보통학교에 근무할 때 일제의 괴뢰국인 만주국 군관으로 지원했으나 1차에 탈락하고 재차 응모했다"면서 "당시의 정황을 〈만주신문〉은 "혈서 군관 지원, 반도의 젊은 훈도로부터"라는 제목의 기사로 1939년 3월 31일자에 보도했다"라고 밝혔다. 훈도訓導란 일제강점기 초등학교 교사를 일컫는 말이다.

조선 경상북도 문경서부공립소학교 훈도 박정희 군의 열렬한 군관 지원 편지가 '한 번의 죽음으로써 충성함 박정희'라고 피로 쓴 반지를 봉입한 동기로 송부되어 관계자를 깊이 감격시켰다.

동봉된 편지에는 '일본인으로서 수치스럽지 않을 만큼의 정신과 기백으로 일사봉공의 군건한 결심입니다. 확실히 하겠습니다. 목숨을 다해 충성을 다할 각오입니다. 한 명의 만주 국군으로서 만주국을 위해, 나아가 조국을 위해 어떠한 일신의 영달을 바라지 않습니다. 멸사봉공, 견마의 충성을 다할 결심입니다'라고 적혀 있었다.

당시 박정희는 기혼자인데다 연령 초과로 입학 자격이 문제가 됨에도 다시 도전해 1940년 1월 만주 군관학교에 2기생으로 입학한다. 졸업 후 관동군 보병 30연대에서 실습을 마친 뒤 1942년 10월 성적 우수자로 일본 육사에 편입한다. 1944년 일본 육사를 57기로 졸업한 뒤 만주 관동군에 배치돼 소대장으로 활동했다. 1945년 7월 만주군 중위로 진급한 후 8월에 소련군의 진격을 저지하라는 명령을 받고 1945년 8월 10일 이동을 시작, 17일에 집결한다. 그제야 일본이 망했다는 소식을 듣게 된다.

이후 박정희는 무장을 해제당하지만 신현준 등과 함께 베이징으로 이동해 광복군 제3지대로 신분을 바꾼다. 이곳에서 광복군 3지대의 2중대장을 맡았다. 광복군이 된 박정희는 해방된 조국에 그렇게 돌아왔다.

1946년 5월 미국 수송선을 타고 귀국한 후 박정희는 9월에 조선경비사관학교(육군사관학교 전신)에 입학해 단기 과정을 마친 뒤 2기로 졸업했다.

— '빨갱이' 박정희는 어떻게 살아남았나?

박정희가 조선경비사관학교 생도로 재학 중일 때 형인 박상희는 '대구10월사건'으로 경찰에 살해된다. 대구10월사건에 대해 진실화해위원회는 〈대구10월사건 관련 진실규명결정서〉에서 "식량난이 심각한 상태에서 미군정이 친일 관리를 고용하고 토지개혁을 지연하며 식량공출 정책을 강압적으로 시행하자 불만을 가진 민간인과 일부 좌익 세력이 경찰과 행정 당국에 맞서 발생한 사건"이라고 규정했다.

박정희는 이 사건을 계기로 남로당 군 내부 조직원으로 가담한 것으로 추정된다. 1947년 9월 대위 진급 후, 이듬해 8월 소령으로 진급한다. 1948년 10월 여순사건이 일어나자 육군본부 작전정보국에 발탁돼 전라남도 광주에 있는 호남지구전투사령부에서 작전참모로 근무했다. 그러나 같은 해 11월 11일 군대 남로당 프락치를 적발하는 '숙군사업肅軍事業'이 진행되자 바로 체포됐다. 당시 박정희를 체포한 이가 만주국 관동군 헌병 오장 출신 김창룡이었다(대전현충원 비공인 친일파 참고).

박정희는 수사 과정에서 좌익 혐의를 순순히 시인했다. 그러면서 군내 남로당 조직원들의 명단도 제공했다. 숙군사업에 적극 협력한 점을 인정받아 1949년 2월 군법회의에서 사형을 면하고 파면 및 급료 몰수 선고를 받았다. 당시 박정희가 사형을 면하는 데는 만주국 출신 군인사들의 구명운동과 훗날 국가공인 친일파로 지정되는 백선엽의 신원보증이 결정적 역할을 했다.

놓치지 말아야 할 점은 파면된 박정희는 '비공식 문관'으로 육군본

일제에 충성 맹세한 박정희

부 작전정보국에서 계속 일해왔다는 사실이다. 마치 자신은 다시 돌아갈 것을 당연하게 여기고 행동했다. 이듬해인 1950년 6월 한국전쟁이 일어나자 박정희는 육군본부 작전정보국 과장으로 복귀했다. 이후 9사단 참모장을 거쳐 육군정보학교 교장, 육군본부 작전교육국 차장, 제2군단과 제3군단 포병단장을 역임했다. 한국전쟁 후 별을 단(육군 준장) 박정희는 1954년 미국으로 건너가 고등군사훈련과정을 이수했다. 이후 제2군단 포병사령관과 육군포병학교 교장 겸 포병감을 지낸 뒤 1955년 7월부터 사단장으로 활동했다. 1958년 3월 육군 소장으로 진급한 박정희는 4·19혁명 전까지 부산 육군군수기지사령부 사령관 등으로 재임했다.

항일과 친일의 역사 따라 현충원 한 바퀴

__ 쿠데타 일으킨 만주군 출신 장군

1960년 4·19혁명 이후 정권을 잡은 민주당은 제2공화국을 선포했다. 그러나 박정희는 이듬해인 1961년 5월 16일 군사정변을 일으키고 권력을 장악한다. 정변 직후 군사혁명위원회 부의장이 됐고, 계엄부사령관과 계엄사무소장, 국가재건최고회의 부의장을 거쳐 7월에 국가재건최고회의 의장에 취임한다. 1961년 8월에 육군 중장으로 진급하고 3개월 뒤인 11월에 별 네 개를 단 육군 대장이 됐다. 이때부터 육군 대장으로서 대통령 권한대행과 내각 수반을 겸했다.

박정희는 5·16군사정변 직후인 5월 19일 〈민족일보〉를 폐간하고 발행인이었던 조용수趙鏞壽 사장을 '빨갱이'로 몰아 구속했다. 국내외를 가리지 않고 조용수 사장에 대한 탄원이 이어졌지만 박정희 정권은 같은 해 12월 22일 사형을 감행한다. 이 과정에서 전국 916개 언론사 가운데 일간지 39개(중앙일간지 15개), 일간통신 11개, 주간지 31개만 남기고 모두 폐간당했다.

살아남은 〈조선일보〉는 5월 19일 "제2단계에로 돌입한 혁명과업의 완수를 위하여"라는 제목의 사설을 싣고 "군사혁명은 보다 나은 입장을 마련하기 위하여 감행된 것으로서 이것이 거군적인 단결과 함께 국내외적인 찬사와 지지를 받게 된 소이가 바로 여기에 있다고 하겠다"라고 썼다.

〈동아일보〉 역시 5월 26일 사설에서 "혁명 완수로 총진군하자"라는 사설에서 "5·16군사혁명이 민주적이냐 또는 합헌이냐 혹은 지휘권을 누가 가지고 있느냐 하는 문제에의 논의는 이미 기정사실화한 이 혁명을 반공, 민주 건설을 향해 이끌고 나가야 할 이 단계에 있어서 백해무익한 것"이라고 밝혔다.

1963년 8월 예편한 박정희는 9월에 민주공화당 총재가 됐고, 10월 윤보선과의 대선 경쟁에서 승리해 5대 대통령에 취임한다. 1967년 6대 대통령에 취임한 박정희는 장기 집권을 위해 1969년 9월 3선 개헌을 단행해 1971년에 7대 대통령이 된다. 1972년 10월 비상계엄령을 선포한 뒤 국회를 해산했고, 같은 해 12월 유신헌법을 공포해 대통령 간선제를 채택했다. 간선제 아래서 박정희는 제8대, 제9대 대통령에 당선됐다. 1979년 10월 26일 궁정동 안가에서 당시 중앙정보부장이었던 김재규의 저격에 현장에서 사망했다.

어디에 잠들었나? 장군제1묘역 입구 맞은편

1979년 11월 3일 박정희는 국립서울현충원에 안장됐다. 현충원 가장 안쪽에 자리해 있는 박정희 대통령의 묘소는 장군제1묘역이 호위하듯 묘소를 감싸고 있는 형태다. 걷다 보면 국가유공자제1묘역과 장군제1묘역 사이에 자리한 버스 크기의 차량 한 대를 발견하게 된다. 1979년 11월 박 대통령을 운구했던 차량이다.

만주군 출신으로 군사정변을 일으켜 정권을 잡은 박 대통령 묘비 뒤쪽에는 "1945년 건군과 함께 입대, 1961년 5·16군사정변을 주도, 국

항일과 친일의 역사 따라 현충원 한 바퀴

가재건최고회의 의장이 되시고 1963년 육군대장으로 예편, 1963년 제 5대로부터 1978년 제9대에 이르기까지 대통령을 역임하시는 동안 조국 근대화의 기수로서 오천년 이래의 가난을 물리치시고 자립경제와 자주국방의 터전을 닦으시어 세계 속의 풍요한 한국으로 부각시키셨으며, 겨레의 염원인 평화적 통일의 기틀을 마련하시는 등 민족중흥을 이룩하신 영도자로서 민족사상 그 유례를 찾아볼 수 없는 위대한 업적을 남기셨다"라고 새겨졌다.

박정희 대통령 묘소

정일권

—

대통령 빼고 모든 걸 다 이룬 만주군 출신 최장수 총리

만주군 시절 정일권

국립서울현충원 장군제3묘역 1번 무덤은 국가공인 친일파 이종찬의 묘다. 3대가 친일했지만 묘비에는 '명문 혈통'으로 언급된 인물이다. 그와 같은 선상(4번)에 잠든 인물이 있으니, 바로 만주군 헌병 출신 정일권丁一權, 1917-1994이다.

정일권은 최장수 국무총리로 알려져 있다. 박정희 정권 당시 1964년 4월부터 1970년 12월까지 무려 6년 7개월 동안 재임했다.

1917년 11월 러시아 연해주에서 태어난 정일권은 1935년 5월 만주국 펑톈군관학교에 입학한다. 1937년 9월 5기로 졸업한 뒤 성적우수자로 뽑혀 일본 육군사관학교로 유학했다. 펑톈군관학교 5기에 특히

항일과 친일의 역사 따라 현충원 한 바퀴

국가공인 친일파가 다수 있는데 김백일, 신현준, 김석범, 송석하 등이 정일권의 동기다.

___ 해방 후에도 승승장구한 만주국 헌병 출신 군인

보병이었던 정일권은 일본 육사 편입 전 자신의 병과를 기병으로 바꾼다. 만주국 기병훈련소에서 기초 과정을 마친 뒤 1939년 일본 육사 기병과 본과에 들어간다. 1940년 일본 육사를 55기로 졸업한 정일권은 다시 만주로 돌아와 만주국 헌병 장교로 생활한다. 1941년 헌병 중위로 진급한 정일권은 이후 만주군 헌병 상위(대위)까지 빠르게 진급해 간도 헌병대 대장이 된다. 당시 만주군 헌병대는 일본도를 허리에 차고 말을 타고 다니며 무소불위의 위세를 부리던 집단으로, 그 중심에 정일권이 있었다.

1945년 8월 만주국 고급장교 양성기관인 고등군사학교에서 훈련을 받던 정일권은 일제의 갑작스러운 패망에도 흔들리지 않았다. 그는 만주군과 관동군 출신 조선인 군인 400여 명을 모아 '신징보안사령부'를 만들어 사령관에 취임했다. 명목은 만주 지역에 거주하는 조선인을 보호한다는 것이었다.

일장춘몽이었다. 만주에 진군한 소련군에 의해 부대가 해산되고 정일권은 연행된다. 죽음에 내몰릴 위기였으나 천운을 타고난 정일권은 소련과 만주 국경으로 기차를 타고 가던 도중 탈출에 성공했다. 이후 정일권은 평양으로 건너가 만주군 후배인 백선엽의 도움을 받아 1945년 12월 29일 서울로 들어온다. 정일권은 이듬해 1월 미군정청이 창설한 군사영어학교에 입교해 1기생으로 졸업한다. 간신히 살아남은 정일권이 다시 한 번 권력의 중심에 서게 된 것이다.

대한민국 국군으로 신분을 바꾼 정일권은 미군정하에서도 승승장구한다. 국방경비대 연대장과 참모부장을 거친 뒤 1949년 3월 지리산지구 전투사령관에 임명된다. 미국 유학을 거쳐 한국전쟁 중 육군참모총장 겸 3군총사령관에 임명된다. 육군참모총장 시절 거창 민간인학살 사건 등이 문제가 돼 사임했다. 1956년 별 네 개의 육군 대장으로 예편한 뒤 주터키 대사와 주프랑스 대사 등을 지냈다.

1961년 5·16군사정변 당시 주미대사였던 정일권은 박정희의 지시를 받아 미국에서 군사정부의 지지를 끌어내는 데 큰 역할을 한다. 이것이 박정희 정권이 탄생한 후 최장수 국무총리가 되는 결정적 계기가 됐다. 1964년 박정희 정권이 일본과 한일회담을 열자 이듬해 일본을 방문해 회담을 마무리하고 6월 협정을 조인하는 데 한몫했다.

__ 권력의 외곽으로 밀려난 적 없는 처세의 달인

총리로서의 직함은 1970년 정인숙 피살사건이 일어나자 끝이 난다. 1970년 3월 17일 밤 11시께 당시 고급 요정 호스티스로 일했던 정인숙이 교통사고를 가장한 충격 사건으로 사망한다. 고위직과 연이어

항일과 친일의 역사 따라 현충원 한 바퀴

스캔들이 터졌던 정인숙, 야당이었던 신민당은 정인숙을 매개로 여당의 비리를 파기 시작했다. 의혹이 깊어지자 그녀는 죽음을 당하고 말았다. 진상은 밝혀지지 않았다. 정일권만이 이 사건을 계기로 총리직에서 물러났을 뿐이다.

박정희 대통령의 조카사위이자 당시 중앙정보부장이었던 김종필金鍾泌, 1926-2018은 2015년 7월 〈중앙일보〉에 "정일권 씨는 인생의 위기가 닥칠 만한 지점에서 묘하게 빠져나가 자리까지 얻어 가는 탁월한 능력을 보이곤 했다"면서 "정인숙 사건이 터졌을 때도 (박정희) 대통령은 이 사건이 있고 9개월 뒤 내각 총사표를 받는 형식으로 정 총리를 교체했다. 세월을 흘려보내고 모양과 명분을 갖춰 그를 경질한 것이니 이는 국가의 품격을 고려한 박 대통령의 인사 방식이었다"라고 평가했다.

국무총리에서 물러났지만 정일권은 권력의 중심에서 멀어지지 않았다. 1972년 10월 유신헌법이 통과되자 민주공화당 의장을 맡았다. 동시에 지역구 국회의원으로도 활동했다. 국회가 유신체제 아래 기능을 전혀 하지 못한 1973년부터 1979년까지 국회의장도 역임했다. 박정희 대통령이 사망한 후에도 전두환 정권에서 자유총연맹 초대 총재 등을 지내다 1994년 1월 하와이에서 병사 후 장군제3묘역 최상단에 안장됐다. 을지무공훈장, 태극무공훈장 등을 받았다.

국회의사당 본관 건물에는 1975년 당시 정일권이 쓴 준공기가 대리석판에 새겨져 있다.

어디에 잠들었나? 장군제3묘역 4번

장군제3묘역 최상단 우측에 있는 정일권의 묘가 있다. 바로 옆에는 3대가 친일을 했지만 참군인으로 칭송받은 국가공인 친일파 이종찬이 누워 있다. 장군제3묘역은 현충원 가장 안쪽 박정희 대통령 묘소를 가는 길목에 있다.

장군제3묘역 입구 모습, 정일권과 이종찬이 묘역 최상단에 나란히 잠들었다.

항일과 친일의 역사 따라 현충원 한 바퀴

03
—
안익태
—

《친일인명사전》에 오른 작곡가의 노래는 어떻게 애국가가 됐나?

대한민국의 국가인 〈애국가〉를 작곡한 안익태安益泰, 1906-1965는 대한민국 국민이라면 누구나 잘 아는 노래의 작곡가다. 실제로 〈애국가〉를 작곡했다는 것이 주된 이유가 돼 안익태는 국립서울현충원 국가유공자제2묘역에 잠들었다. 그의 묘 아래쪽에는 임정요인묘역과 독립유공자묘역이 자리해 있다.

그러나 《친일인명사전》에 이름을 올린 안익태가 '국립서울현충원에 잠든 것이 옳은 것인가'라는 질문은 십수 년째 이어지고 있다.

안익태는 1906년 12월 5일 평안남도 평양에서 태어났다. 일본 유학 시절부터 '에키타이 안(あん えきたい / Ekitai Ahn)'이라는 이름으로 활동

했다. 1921년 일본 도쿄의 사립 세소쿠 중학교에 입학한 뒤 1926년 4월 도쿄 구니타치 고등음악학원(현재 구니타치 음악대학)에 입학해 첼로를 전공했다.

이후 1930년 미국으로 건너가 1930년대 중반까지 작곡을 공부한 것으로 전해진다. 1937년 유럽으로 건너간 안익태는 1938년 2월 더블린방송교향악단 객원으로 훗날 〈한국환상곡〉으로 알려는 자작곡 〈교향적 환상곡 조선〉의 초연을 지휘했다.

당시 안익태는 관현악을 위한 환상곡 〈에텐라쿠(越天樂)〉를 발표했다. 민족문제연구소는 《친일인명사전》에 〈에텐라쿠〉는 "일본 천왕 즉위식 때 축하 작품으로 연주된 것으로, 천황에 대한 충성을 주제로 한 일본 정신이 배어 있는 작품"이라고 설명했다.

— 안익태 작곡 〈만주환상국〉, 〈한국환상곡〉 되다

안익태는 1942년 만주국 건국 10주년을 기념해 4개 악장으로 구성된 〈큰 관현악과 혼성합창을 위한 교향적 환상곡 만주〉를 완성한다. 안익태의 대표작 〈만주환상곡〉이다.

〈만주환상곡〉 1악장은 축복받은 대지의 모습과 폭정으로 짓밟힌 옛 만주가 구원자인 일본에 의해 평화를 되찾는 모습으로 묘사됐다. 2악장은 만주 대평원에 찾아온 평화를, 3악장은 만주국이 열강들과 협력해 세계 신질서를 확립해가는 모습으로 표현됐다. 건국 10주년을 맞는 만주국의 환희가 그려졌다. 그런데 이 4악장의 합창 부분 가사를 에하라 고이치江原綱—라는 일본인이 직접 만들었다. 그는 유럽에서 활동하는 '일본 스파이'로, 안익태의 매니지먼트를 담당하며 후원하거나 연주회를 주최한 것으로 알려진 인물이다.

민족문제연구소는 《친일인명사전》에 "안익태의 〈만주환상곡〉은 피날레 악장을 두 개의 주요 합창 작품으로 구성해 극적으로 장식했는데, 이 작품들은 나중에 〈한국환상곡〉에서 마지막을 장식하는 세 개의 합창곡 중 〈애국가〉를 제외한 두 개의 합창곡에 똑같이 옮겨졌다"라고 설명했다.

안익태의 친일 행적이 본격적으로 드러난 건 2006년의 일이다. 독일 홈볼트대학교에 재학 중인 한 유학생이 독일 영상자료실인 트란지트 필름에서 입수한 7분짜리 동영상을 공개했다. 영상 속에는 안익태가 베를린필을 지휘하는 모습이 담겼다. 문제는 1942년 9월에 열린 그 공연이 앞서 강조한 만주국 창설 10주년 기념음악회였다는 점이다. 이날 무대 정중앙엔 커다란 일장기가 걸려 있었다.

안익태는 일본이 패망한 뒤 스페인으로 건너가 마요르카교향악단 상임지휘자로 활동했다. 1948년 8월 15일 대한민국 정부가 탄생한 뒤, 이승만 정권은 안익태의 〈애국가〉를 국가로 공식 지정했다. 안익태는 1955년 3월 '이승만대통령 탄신 80회 기념음악회'를 지휘하기 위해 한국을 방문했고, 이를 계기로 제1호 문화포장을 받았다. 1962년 1월 한국을 다시 방문한 안익태는 박정희 의장을 예방해 5·16쿠테타로 집권한 군사정부의 대내외적인 이미지 개선을 위한 국제음악제 개최에 대해 협의했다. 1962년부터 1964년까지 3년 연속으로 음악제가 열렸다. 안익태는 1964년 9월 스페인 바르셀로나에서 사망했다. 이후 1977년 7월에 서울현충원 국가유공자묘역에 안장됐다.

《친일인명사전》편찬위원장을 역임한 윤경로 한성대 명예교수는 2019년 8월 서울 여의도 국회에서 열린 '안익태 곡조 애국가 계속 불러야 하나' 공청회에 참여해 "안익태가 처음부터 친일을 한 것은 아니다. 하지만 '현실의 길을 걸을 것인가, 역사의 길을 걸을 것인가'의 갈림길에서 그는 현실을 선택했다"면서 "(현실을 선택한 그는) 엄혹한 식민지 시대에 잘 먹고 출세했다. 음악·영화·미술을 통해서 대중에게 왜곡된 현실을 인식하게 하는 예술인들은 엄중한 역사의 판결을 받아야 한다"라고 비판했다.

어디에 잠들었나? 국가유공자제2묘역 7번

안타깝게도 국가유공자제2묘역은 임시정부요인묘역과 애국지사묘역 머리 쪽에 있다. 국가유공자제2묘역에는 안익태만 잠든 것이 아니다. 일제강점기 부장판사까지 오르며 일제에 크게 부역한 조진만趙鎭滿(8번) 등도 1979년 2월 사망 후 안익태 옆자리에 잠들었다.

현충원에 따르면 유공자제2묘역에는 일제강점기 청산리전투에서 일본군을 섬멸하고, 광복 후 초대 국무총리 겸 국방부 장관을 지낸 이범석 장군과 대한민국 임시정부 군무차장 겸 광복군 참모장을 지냈으며 건국 후 외무부 장관을 역임한 김홍일 장군, 한글학자 주시경 선생, 물산장려운동 전개와 조선민주장 창당 등 통일국가 건설을 위해 김일성에 맞선 민족지도자 조만식 선생 등 14위의 유공자가 안장되어 있다.

2001년 안익태기념재단은 국민체육진흥공단의 후원을 받아 국유지인 서울시 송파구 올림픽 공원에 안익태 동상을 세웠다. 동상 뒤쪽으로 안익태의 연보와 애국가를 새긴 비석도 마련됐다.

서울 송파구 올림픽공원에 자리한 안익태 동상

04

채병덕

—

무능했던 일본군 출신 육군참모총장의 최후

채병덕蔡秉德, 1915-1950은 대전현충원에 잠든 국가공인 친일파 백홍식白洪錫의 사위이자 일본 육군사관학교 후배다. 해방 후엔 장인이었던 백홍석보다 훨씬 빠르게 진급해 상급자가 됐다. 누구보다 빠르게 군사영어학교에 입학해 활동한 것이 주된 이유였다.

미군정이 세운 군사영어학교는 육군사관학교의 전신으로, 광복 후 일본군 및 만주군 출신 장교들에게 영어를 가르치고 미국식 군사훈련을 제공했다. 군사영어학교를 1기로 졸업한 채병덕은 육군 대위로 임관한 후 남조선국방경비대 제1연대 창설중대장을 시작으로 현 국방부인 통위부 병기부장, 통위부 특별부대장 등을 거쳐 1948년 8월에 통위부 참모총장과 국방부 참모총장에 임명됐다.

대한민국 국군으로 신분을 바꾼 뒤 3년도 되지 않은 1948년 12월 채병덕은 육군 준장으로 진급했다. 불과 3개월 뒤인 1949년 2월에 별 두 개인 육군 소장이 됐다. 그리고 다시 3개월이 흐른 1949년 5월 육군 참모총장이 됐다. 당시 채병덕은 34세에 불과했다.

__ 평양 출신 채병덕, 일본 장교가 되다

1915년 평안남도 평양에서 태어난 채병덕은 평양종로보통학교와 평양공립중학교를 거쳐 1933년 4월에 일본 육군사관학교 예과에 입학 했다. 1935년 3월 졸업한 후 사관후보생이 된 채병덕은 그해 9월 일본 육군사관학교에 입학해 1937년 12월 육사 49기로 졸업한다. 육사 27 기인 장인 백홍석의 22년 후배인 셈이다.

견습사관을 거쳐 소위로 임관한 채병덕은 군항을 지키는 중포부대 장교로 임무를 맡아 수행했다. 이후 신응균과 마찬가지로 일본 육군포 병학교를 1940년에 수료했다. 포병학교를 거친 채병덕은 일본 육군병 기학교 교관, 오사카 육군 조병창 공장장 겸 병기행정부 부원을 맡은 뒤 일본이 패망할 무렵 당시 경기도 부평에 위치한 육군 조병창에서 공장 장으로 근무했다. 그때 채병덕의 계급은 고위 장교였던 육군 소좌(소령) 였다.

그러나 전선에 투입돼 전투를 경험하지 않았다는 이유로 채병덕은 국가공인 친일파에서 배제됐다. 채병덕은 해방 후 신분을 바꿔 바로 미군정에 몸을 의탁했다.

— 무능함이 만든 참사, 한강 인도교 폭파 사건

해방 후 승승장구하던 채병덕은 1949년 10월 남북한 물자교역 과정에서 발생한 예하 부대 사령관과의 갈등으로 참모총장직에서 잠시 물러났다. 하지만 불과 두 달도 지나지 않은 1949년 12월 국방부 병기행정본부장으로 다시 복귀한다. 1950년 4월 말에 제4대 육군 총참모장 겸 육해공군 총사령관으로 임명되었다. 명실공히 대한민국 국군의 최고 위치까지 오른 것이다.

문제는 야전군 지휘 경험이 없다시피 한 채병덕에게 한국전쟁은 감당할 수 없는 사건이었다. 1950년 5월 전쟁의 여러 조짐이 나타났지만 채병덕은 이에 대한 대처를 전혀 하지 못했다.

강준만의《한국현대사산책》에 따르면, 채병덕은 한국전쟁이 발발하자 국무회의에 참석해 "적의 전면공격은 아닌 것 같다"면서 서울 사수 및 평양 점령을 호언장담했다. 결과적으로 허언이었다. 불과 사흘 뒤인 6월 28일 이승만 정부는 한강 인도교를 폭파한다. 이 사건으로 500여 명이 넘는 민간인이 현장에서 폭사했다. 미아리 방면으로 북한군 전차가 내려왔다는 것이 주된 이유였다. 다리 폭파 소식을 들은 6개 사단, 4만 4,000명가량의 병력은 모든 화기를 버리고 후퇴했다. 서울은 인민군이 완전히 점령했다.

1950년 6월 30일 채병덕은 초기 패전의 책임을 지고 해임돼 경남 지구 편성군 사령관으로 좌천됐다.

1950년 7월 23일 국방부 장관 신성모는 채병덕에게 "귀하는 서울을 잃고 중대한 패전을 당했다"면서 "그런데 지금 적은 전남에서 경남으로 지향하고 있다. 이 적을 막지 않으면 전 전선이 붕괴될 것이다. 귀하는 패주 중인 소재 부대를 지휘해서 적을 격퇴하라"라고 명령한다.

이 명령을 받은 채병덕은 적을 저지하기 위해 출전하였다가 1950년 7월 27일 하동고개에서 인민군 6사단의 매복 작전에 걸려들어 전사했다. 이승만 정권은 사망한 채병덕을 중장으로 추서했다. 사망 5개월 뒤 충무무공훈장을, 1952년 5월에는 을지무공훈장을 받았다.

<u>어디에 잠들었나?</u> **장군제1묘역 12번**

1950년 7월 27일 전투 중 사망한 채병덕은 국립서울현충원에 1964년 10월 14일 안장된다. 국가공인 친일파 김백일과 마찬가지로 국립서울현충원 장군제1묘역 최상단에 잠들었다. 그곳에 서면 서울현충원뿐 아니라 한강까지 탁 트인 전망이 한눈에 들어온다.

05

임충식

대한민국 육군 대장이 된 간도특설대 병사

임충식任忠植, 1922-1974은 서울현충원 장군제2묘역에 잠든 국가공인 친일파 신태영, 이응준에 비해 상대적으로 덜 알려진 비공인 친일파다. 그러나 행적만 따지고 보면 두 사람 못지않게 적극적으로 친일의 길을 걸은 인물이다.

1922년 4월 전라남도 해남에서 태어난 임충식은 1936년 만주 옌지 중학교를 졸업했다. 1941년 만주국군 간도특설대 제3기로 '자원 입대' 해 중사를 거쳐 준위까지 올랐다. 중사와 준위는 간부지만 장교는 아니었다. 병사 출신이 가장 높이 올라갈 수 있는 계급이 바로 준위다.

앞서 수차례 언급했듯 간도특설대는 만주 지역에서 활동하는 항일무장세력을 탄압하기 위해 만들어진 조선인 특수부대다. 일부 고위 간부를 제외한 총 인원 다수가 조선인이었다. 현충원에 잠든 국가공인 친일파 12인 중 김백일, 김홍준, 신현준, 김석범, 송석하, 백선엽이 간도특설대 출신이다.

당시 간도특설대는 항일무장세력을 탄압하는 과정에서 민간인을 살해하거나 강간하고 약탈하며 고문하는 것을 주저하지 않았다. 그곳에서 고위 장교와 병사들 사이 중간 간부로서 가교 역할을 한 것이 바로 임충식이다. 애석하게도 그가 어떤 활동을 구체적으로 했는지에 대한 공식 기록은 남아 있지 않다.

─ 마침내 고위 장교가 되다

임충식은 일본 육사 및 만주국 군관학교 출신이 아니었다. 출신부터 다른 고위직 친일파들과 차이가 날 수밖에 없는 상태였다. 일본군 고위 장교 출신들이 해방 후 바로 장교로 영전했던 것과 달리 해방 후에도 병사로 시작할 수밖에 없었던 이유다.

1946년 2월, 임충식은 다시 한 번 사병으로 군문을 두드린다. 임충식은 그간의 군 경험으로 독보적인 행보를 보였다. 결국 당시 부대장 추천을 받은 임충식은 1946년 5월 국방경비사관학교에 입교해 단기 군사교육을 받고 1기로 졸업한다. 마침내 1946년 6월 졸업과 동시에 꿈에 그리던 '장교'가 된다.

육군 소위가 된 임충식은 불과 2년 만에 중위와 대위를 거쳐 육군 소령이 된다. 1949년 3월 육군 중령으로 초고속 승진한 임충식은 그해 9월 태백산지구전투사령부 참모장으로 발탁돼 일명 빨치산 공비 토벌 작전을 수행한다. 당시 임충식은 간도특설대에서 익힌 전략과 전술을 선보여 큰 역할을 했다고 전해지고 있다.

한국전쟁이 일어나자 임충식은 육군 대령으로 진급한다. 이후 2사단 부사단장을 거쳐 1952년 9월 마침내 육군 장군이 된다. 1952년 9월 7사단장, 1953년 8월에는 헌병사령관이 되고, 1956년 2사단장과 1957년 6군단장을 거쳐 1959년 1월 육군 소장이 된다. 1941년 만주국 간도특설 병사로 군 생활을 시작한 지 만 18년 만에 대한민국 육군 소장이 된 것이다.

이후 임충식은 육군 중장으로 승진한 뒤 박정희 정권 때 국방부 인력차관보, 육군참모차장, 합동참모회의 의장을 역임하고 1968년 8월 육군 대장으로 예편했다. 예편과 동시에 국방부 장관으로 임명된 임충식은 약 1년 6개월 동안 국방부 장관을 역임한 뒤 민주공화당 소속으로 고향에서 국회의원을 지낸 후 1974년 1월 29일 사망했다. 임충식의 나이 52세였다.

'직책'이라는 결과만 놓고 보면 임충식은 간도특설대 병사 출신으로서 육군 대장과 국방부 장관까지 오르는 입지전적인 모습을 보인 인물이었다. 그를 중용하고 영전시킨 것은 만주군 장교 출신 박정희 대통령이었다.

그러나 2009년 대통령직속 반민족행위특별조사위원회는 '간도특설대 임충식이 고위직 장교로 활동하지 않았다'라는 이유로 국가공인 친일파 선정에서 배제했다. 간도특설대 부대가 행한 악행은 여러 자료를 통해 남아 있으나 임충식 등 사병 출신 인물들의 활동에 대해서는 기록이 많지 않은 상황이다.

어디에 잠들었나? 장군제2묘역 2번

1974년 1월 29일 사망한 임충식은 사망 닷새 후인 1974년 2월 2일에 현충원에 안장됐다. 그의 곁에는 국가공인 친일파로 국방부 장관까지 오른 신태영과 마찬가지로 국가공인 친일파로 초대 육군참모총장을 지낸 이응준이 잠들어 있다. 임충식이 잠든 묘역 하단에 그와 싸우다 잠든 독립투사들의 묘역이 조성돼 있다.

3장

**친일파 아래 잠든
국립서울현충원의 지사들**

신규식

—

그를 '임시정부의 아버지'라 불러야 하는 이유

왼쪽부터 신채호, 신석우, 신규식

신규식申圭植, 1880-1922은 명실공히 대한민국 임시정부가 탄생하는 데 가장 큰 역할을 한 인물이다. 필자의 전작 《임정로드 4000km》의 주인공 중 한 명으로, 잘 알려지지 않았지만 자라나는 세대가 반드시 알아야 할 애국지사다.

신규식은 1880년 충청북도 청원군에서 태어났다. 많은 지사가 그 랬듯 신규식 역시 어려서부터 천재 소리를 들었다. 그 소식이 중앙까지 전해져 대한제국의 육군무관학교를 졸업한 뒤 대한제국 군대의 장교가 됐다.

1905년 일제가 강제로 을사늑약을 요구했다는 사실을 전해 들은 신규식은 부하들을 규합해 일제에 맞섰다. 그러나 계획이 누설돼 제대로 싸워보지도 못하고 물러나야 했다. 분개한 신규식은 음독자살로 생을 마감하려 했지만 가족이 발견해 목숨을 겨우 건졌다. 대신 오른쪽 눈이 실명돼 눈동자가 돌아가질 않았다. 이때부터 신규식은 "망해버린 나라를 어찌 바로 보겠냐"면서 '흘겨본다'라는 뜻의 예관睨觀으로 자신을 부르게끔 했다.

일제에 의해 군대가 강제 해산당한 뒤에도 신규식은 대한자강회, 대한협회 등의 애국계몽운동 단체에 참가해 자신의 역할을 다했다. 그러나 1910년 대한제국이 일본에 의해 합병되자 다시 한 번 음독자살을 시도한다. 이때 그를 구한 것이 대종교 종사였던 나철羅喆, 1863-1916이었다. 망해버린 조국에서 더는 할 수 있는 일이 없자 신규식은 이듬해 중국으로 망명했다. 당시 신규식은 대부분의 조선 청년이 만주 지역에서 독립운동을 꿈꿀 때, 국제자유도시였던 상하이에 집중했다. 그곳에서 힘을 길러 나라를 되찾고자 했다.

중국 상하이에 자리를 잡은 신규식은 쑨원(孫文, 1866-1925) 등과 관계를 맺으며 중국의 신해혁명에 참가했다. 이후 중국 혁명 지사들과 긴밀한 관계를 유지하며, 망명한 지사들이 활동할 공간을 상하이에 마련했다. 신규식은 지사들을 규합해 독립운동 조직인 동제사同濟社를 조직했다. 동제사는 임시정부 2대 대통령인 박은식朴殷植, 1859-1925을 비롯해 신채호申采浩, 1880-1936, 홍명희洪命憙, 1888-1968, 조소앙趙素昻, 1887-1958, 박찬익朴贊翊, 1884-1949, 조성환曹成煥, 1875-1948, 김규식金奎植, 1881-1950

등 당대 저명한 지사들이 마음을 모아 만든 조직이다. 결과적으로 이러한 움직임이 기반이 돼 상하이에서 1919년 4월 11일 대한민국이라는 나라가 만들어졌다.

1919년 4월 대한민국 임시정부가 수립되자 신규식은 초대 법무총장 및 임시의정원 부의장으로 선출되었다. 1921년에는 국무총리 겸 외무총장에 임명되어 중국과 외교 관계를 정립하는 데 앞장섰다. 당시 신규식이 쑨원을 만나 광둥 정부의 지원을 약속받은 건 대한민국 임시정부가 해낸 첫 번째 국제 공식 외교 행보였다. 국가의 기능을 충실히 행한 모습이었다. 그러나 1920년 12월에 부임한 이승만 대통령이 불과 6개월도 안 된 1921년 초여름에 미국으로 돌아가버리자 신규식은 모든 책임을 떠안게 됐다.

1922년 임시정부가 분열돼 흔들리자 신규식은 통합을 외치며 25일간 먹지 않고, 말하지 않고, 약을 쓰지 않은 채 죽음을 기다렸다. 이렇게 해서라도 지사들에게 의지를 보이고자 한 것이다. 1922년 9월 25일 그는 "정부! 정부!"라는 유언을 남기고 순국했다. 그가 떠난 집은 상하이 중심가에서 불과 한 구역 떨어진 곳에 여전히 남아 있다(자세한 내용은 《임정로드 4000km》 참고).

사후 신규식은 중국 상하이의 만국공묘(현 쑹칭링능원)에 70년 넘게 잠들다 1993년 김영삼 정권에 의해 고국으로 봉환돼 현충원에 잠들었다. 그러나 그의 묘에서 직선으로 50m 거리에 국가공인 친일파가 잠든 장군제2묘역이 자리해 있다. 임정요인묘역 8번이다.

신규식 선생의 묘 앞에 서서 왼쪽으로 고개를 돌리면 국가공인 친일파 이응준과 신태영의 묘가 자리한 장군제2묘역을 확인할 수 있다. 이는 바꿔 말하면, 친일파의 묘가 독립운동가의 묘를 위에서 아래로 내려다 보는 위치에 있다는 뜻이다.

신규식의 묘에서 본 친일파 묘역, 사진 속 왼쪽 구릉이다.

02

이상룡

조선의 선비들이 이상룡과 같았다면, 역사는 어찌됐을까?

이상룡李相龍, 1858-1932은 조선의 마지막 노블레스 오블리주의 표본이다. 1858년 경상북도 안동의 명문가에서 태어나 '임청각臨淸閣'의 장손으로서 활동했다. 1905년 을사늑약이 맺어지자 본격적으로 나라를 살리기 위한 운동에 매진했다.

그러나 국내에서의 활동은 금세 한계를 드러냈다. 아무리 조심해도 일제의 감시망을 피하기란 쉬운 일이 아니었다. 이상룡은 망국 1년 뒤인 1911년 모든 가산을 정리하고 중국으로 망명했다.

간도에 터를 잡은 이상룡은 우당友堂 이회영李會榮의 형제들과 함께 독립군 기지를 개척해나갔다. 경학사를 통해 한인들의 경제 토대 구축에 나섰고, 신흥강습소를 세워 군사교육을 실시했다. 이러한 신흥강습소가 수십 명의 의열단원들을 배출한 신흥무관학교로 거듭났다.

1919년 한족회를 통해 군사기구인 서로군정서를 조직한 이상룡은 군정서 '독판督辦'을 맡으며 만주 무장 항일투쟁을 앞장서서 지휘했다. 동시에 산발적으로 흩어져 있던 독립군 군사 조직을 하나로 통일하기 위해 끊임없이 노력했다. 이렇게 만들어진 것이 1922년 6월 중국 둥산성 지역 독립운동 단체의 통합 단체인 통의부統義府다.

1920년대 초 대한민국 임시정부가 국민대표회의를 거치며 분열 위기에 봉착하자, 이상룡은 임시정부에 내려가 힘을 보탰다. 이승만 대통령이 탄핵당한 뒤 박은식을 거쳐 1925년 임시정부의 지도 체제가 국무령제로 바뀌자 초대 국무령으로 선출되었다. 임정을 안정시킨 뒤 1926년 만주로 다시 돌아온 이상룡은 정의부·신민부·참의부를 비롯한 만주 지역 광복 단체의 통합 운동을 전개했다.

그러나 노구의 몸이 한계에 부딪혔다. 이상룡은 1932년 5월 12일 중국 지린성에서 "외세 때문에 주저하지 말고 더욱 힘써 목적을 관철하라"는 유언을 남기고 운명했다. 만주 땅에 묻혀 있던 그의 유해는 광복 45년 만인 1990년에 봉환돼 대전현충원에 안장된 뒤 1993년 지금의 서울현충원 임시정부요인묘역이 조성되자 재안장됐다.

이상룡 지사의 후손인 이항증 선생은 많은 독립운동가의 후손이 그랬듯 그 역시도 어린 시절 고아원에 갈 정도로 어려웠다. 언젠가 '인터뷰를 하지 않는 이유'를 밝힌 적이 있는데, 그는 "나 사는 모습 보면 누

항일과 친일의 역사 따라 현충원 한 바퀴

가 애국하려고 할까 싶냐"면서 "잘사는 애국지사 후손들이 (언론에) 나와
야 사람들이 '나라를 위하니까 국가가 보호해주는구나' 하고 애국하지
않겠냐"라고 말했다. 지금 기준으로 수천억 재산을 가진 집안에서 태어
났지만 '독립운동하면 3대가 망한다'는 이야기를 자신이 증명했다고 생
각한 것이다.

이상룡 지사는 서울현충원 임정요인묘역 최상단 박은식 지사 옆에
잠들었다.

어디에 잠들었나? 임시정부요인묘역 2번 / 임정묘역 최상단

임정묘역 최상단에 석주 이상룡 선생의 무덤이 자리해 있다.

지청천

—

친일파 이응준 발아래 잠든 광복군 사령관의 비애

백범과 지청천 장군
(사진 왼쪽)

지청천池靑天, 1888-1957은 우리 군의 뿌리로 평가받아야 할 한국광복
군의 총사령관 출신이다. 일본 육군사관학교를 나왔지만 동기생인 이
응준과 달리 1919년 3·1운동 후 만주로 망명해 평생 독립운동에 매진
했다.

지청천은 1888년 2월에 서울 삼청동에서 태어났다. 다섯 살에 아버
지가 돌아가신 후 홀어머니 밑에서 자랐다. 대한제국 말기 무관학교에
입교해 2학년이 되던 해 동기들과 함께 정부 유학생으로 도쿄육군중앙
유년학교를 거쳐 일본 육군사관학교를 졸업했다. 일본 장교가 된 지청
천은 1919년 3·1운동 후 중국 만주로 망명했다. 이때 함께 떠나려 했

던 이가 바로 이응준이다. 그러나 친일과 항일의 갈림길에서 이응준은 남았고 지청천은 떠났다.

만주로 건너온 지청천은 이상룡이 기초를 닦아 만들어진 신흥무관학교를 찾았다. 그곳에서 일본군에서 배운 군사 지식을 쏟아내 수많은 독립군을 양성했다. 이후 지청천은 1920년대 대한독립군의 여단장을 맡아 일본군을 상대로 전공을 세워나갔다. 그때 지청천은 "죽는 것은 두렵지 않으나 뜻한 바를 이루지 못하고 죽는 것은 너무 헛된 것이니 잡히지 않기 위해서라도 이름을 고쳐야겠다"라는 말과 함께 자신의 이름을 지대형池大亨에서 지청천으로 바꿨다. 동시에 성도 흔치 않은 지池 씨 대신 어머니 성을 따라 이李 씨로 고쳐 사용했다. 지청천과 이청천이 혼용돼 불린 이유다.

지청천은 1930년대 들어 대한민국 임시정부 김구 주석과 함께 한국독립당 창당에 참여한다. 한국독립당 내 군사위원장이 된 그는 1932년 윤봉길 의사 의거 후 만들어진 중국 육군군관학교 한인특별반 운영의 총책임자가 되었다. 1940년 9월 17일 중국 충칭, 우리 군의 뿌리로 불려야 하는 한국광복군이 탄생하는 날, 지청천은 광복군 총사령관에 임명된다.

돌아보면 지청천은 광복을 맞이할 때까지 단 한 번도 군인의 정도에서 벗어난 적이 없다. 해방 후 청년 단체를 통합하여 '대동청년단'을 창설하며 정치 활동을 시작했다. 1948년 제헌 국회의원이 되었고, 초대 무임소 장관을 맡았다. 무임소 장관은 국무위원으로 내각을 구성하는 일원이면서 동시에 지금의 행정안전부, 국가안전처 장관 등과 같이 소속된 정부 부처가 없는 장관을 뜻한다. 지청천은 제2대 국회의원과 민주국민당의 최고위원을 지냈다. 지청천은 1957년 1월 15일 사망했다. 1994년 4월 14일 지금의 현충원 자리에 안장됐다. 일본 육사 동기였던 이응준의 무덤 아래쪽이다.

지청천 장군의 차녀 지복영池復榮, 1920-2007 선생 역시 광복군으로 활동했으며, 지청천의 외손주 이준식은 2020년 4월 현재 독립기념관 관장으로 재직 중이다.

어디에 잠들었나? 임시정부요인묘역 15번

1940년 9월 17일 한국광복군 창단식 모습. 가운데 김구 주석 왼쪽에 앉은 이가 지청천 장군이다.

항일과 친일의 역사 따라 현충원 한 바퀴

04

김성숙

이제는 제대로 알려져야 할 독립운동가 출신 민주주의자

운암雲巖 김성숙金星淑, 1898-1969을 알게 된 건 순수하게 약산若山 김원봉金元鳳, 1898-1958을 추적하는 과정에서 발생한 일이다. 약산과 백범을 오가는 여정에서 운암의 이름이 계속 등장했다. 독립운동계의 좌우를 대표하는 거국적인 만남이 이뤄진 공간에는 항상 운암 김성숙이 존재했다. 거기서부터였다. 도대체 이 사람은 누구기에, 이토록 감초 같은 역할을 한 것일까?

김성숙은 김원봉과 같은 해인 1898년 평안북도 철산에서 태어났다. 정부 공훈록에는 "(열여덟 나이인) 1916년에 서간도로 망명하려다 경기도 양평의 용문사에서 불교에 입문하고 태허太虛라는 법명을 받았다"

라고 명시됐다. 이후 "봉선사 월초 스님의 문하로 들어가, 불교 교리를 공부하고 근대사회과학에 눈떴다"라고 기록됐다.

한마디로 스님이었다는 말인데, 1919년 3·1운동이 일어나자 경기 양주, 포천 등지에서 독립선언서를 배포하다가 체포됐다. 이 일로 서대문형무소에서 옥고를 치렀다. 옥중에서 김사국金思國, 1892-1926을 만나 사회주의사상에 대한 이해의 폭을 넓혔다.

1921년 봄 출옥한 김성숙은 조선노동공제회, 조선무산자동맹회 활동에 참여하며 죽산竹山 조봉암曺奉岩, 1899-1959 등과 교류했다고 전해진다. 그러나 일제강점기 활동이 여의치 않자 1923년 초 승려 다섯 명과 함께 베이징으로 망명해 민국대학 정치경제학과에 입학했다. 이때부터 사회주의에 관한 해박한 지식으로 한인 유학생 사회에서 이름을 떨쳤다. 그의 숙소는 한인 무정부주의자, 혁명가들의 거점이 되었다.

필자는 개인적으로 2019년 여름 김원봉의 길을 추적하는 과정에서 베이징에서 활동한 김성숙의 걸음을 함께 추적했다. 김성숙이 다닌 민국대학도 함께 살폈는데, 지금은 사립유치원이 돼 정문을 제외한 모든 것이 변한 상태다. 당시 김성숙의 집은 무정부주의자와 혁명가들의 거점이 됐는데 근처에 당대 최고의 역사학자이자 언론인으로 평가받은 단재丹齋 신채호申采浩, 1880-1936도 살았다.

김성숙이 베이징에서 유학하며 청년들의 세를 결집하던 시기, 일제의 위협이 만주를 지나 북방까지 뻗쳐왔다. 김성숙은 1925년 광저우로 피신해 중산대학 법학과에 입학했다. 이때부터 의열단義烈團 활동에도 적극 참여했다고 전해진다.

─ 의열단원 김성숙, 투쟁의 방향을 바꾸다

의열단에 합류한 김성숙은 생각을 달리했다. 1919년 11월 의열단이 창립한 이래 박재혁, 김익상, 오성륜吳成崙, 1900-?, 이종암, 김상옥, 김지섭金祉燮, 1885-1928, 황옥黃鈺, 1885-?, 나석주 등 일제의 간담을 서늘케 한 의열단원들의 뜨거운 투쟁이 이어졌지만, 일제는 보란 듯 다시 인원을 충원해 민중을 탄압했다.

김성숙은 단원들이 떠난 자리를 보며 더욱 체계적인 독립운동의 방향을 모색했다. 의열단 단장이던 김원봉을 적극적으로 설득했고, 의열단의 운동 방식이 암살과 파괴 중심의 투쟁에서 군대를 조직해 투쟁하는 방식으로 변화되는 계기가 됐다.

이러한 움직임의 결과가 1926년에 발생한 의열단의 황푸군관학교 집단 입교다. 그해 봄 김성숙은 김원봉과 함께 황푸군관학교에서 장제스(蔣介石, 1887-1975) 교장을 면담했다. 이 만남을 통해 한인들의 황푸군관학교 입교를 승낙받았다. 김원봉을 비롯해 의열단 주요 단원들은 황푸군관학교로 입교해 조직적이고 체계적인 군사기술을 습득했다. 황푸군관학교에서 함께 훈련받고 싸운 단원들이 훗날 조선의용대의 주요 간부가 된다.

놓치지 말아야 할 점은 당시 김성숙은 김원봉, 김산金山(본명 장지락張

志樂) 등과 함께 '유월한국혁명청년회'를 조직했다는 것이다. 님 웨일스 Nym Wales의 《아리랑의 노래》에 나오는 '조선에서 온 붉은 승려' 김충창 이 바로 운암 김성숙이다.

의열단 선전부장으로 활약하던 김성숙에게 우리 독립운동 진영은 하나의 모습이 아니었다. 김성숙은 더욱 효과적인 투쟁을 위해 사회주 의 계열과 민족주의 계열이 하나의 모습을 갖춰야 한다 생각했다.

1927년 5월 김성숙은 '광둥대독립당촉성회'를 결성했다. 이 단체는 170여 명이 참여하여 1920년대 이래 가장 많은 사람이 참여한, 사회주 의 계열의 민족주의 통합 단체가 됐다.

이런 가운데 당시 장제스의 국민당 정부는 1926년 7월 대대적인 북 벌에 나섰다. 광저우 황푸군관학교에 재학 중이던 한인 학생들은 대부 분 북벌에 참가했다. 북벌군은 6개월도 안 돼 중국 대륙의 반을 점령하 고 수도를 광저우에서 우한으로 옮겼다. 약산을 비롯한 의열단의 주요

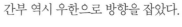

간부 역시 우한으로 방향을 잡았다.

김산

그러나 일본이라는 거대한 적을 앞에 두고 장제스는 내부의 적을 먼저 도려낸다며 '청당 운동淸黨運動'을 시작한다. 완전한 승리를 앞둔 시점에서 중국 내부의 국공분열이 일어났다. 반혁명 세력에 함께 대항해 싸웠던 국민당과 공산당이 하루아침에 분열해 서로에게 총부 리를 겨누었다. 이 과정에서 우리 청년들도

항일과 친일의 역사 따라 현충원 한 바퀴

방향을 잃고 서로에게 총부리를 겨누는 비극을 겪게 된다. 당시 김성숙은 광둥코뮌, 반혁명주의에 맞서는 것이 옳다고 판단했다.

비극의 현장이었다. 김성숙 역시 1927년 12월 광저우에서 발생한 중국 공산당 주도의 봉기에 참여해 혁명에 동참했으나 광둥코뮌은 '삼일천하'로 끝난다. 국민당 군대의 반격으로 광저우에서 항거하던 수천 명이 죽었다. 조선 청년 150여 명도 희생당한다. 대부분이 김원봉과 같은 황푸군관학교 출신이었고, 만주와 시베리아 등지에서 온 공산당 출신 청년도 있었다.

이러한 기록은 광저우 최중심부에 있는 '광저우기의열사능원'에 가면 온전히 확인할 수 있다. 웅장한 정문을 통과해 들어서는 순간, 정면에 총을 든 광저우기의기념탑이 입장객을 맞이한다. 현재의 중국 정부가 '광둥코뮌'을 어찌 생각하는지 그대로 확인되는 장면이다. 이름부터 기의起義, 의로운 항쟁이라 부르고 있다.

기의열사능원 안쪽에 당시 처형당한 조선인을 기리기 위해 '중조인민혈의정'이란 정자가 마련돼 있다. 정자 가운데 비석이 세워져 있는데, "조선청년 150여 명이 중국 전우들과 함께 싸웠고, 최후에 사허전투에서 진지를 사수하다 대부분 희생됐다"는 내용으로 새겨졌다. 김성숙은 혁명의 한가운데서 활동했던 거다.

그래서 다시 한 번 당부드린다. 꼭 서보시기를. 우리가 이룬 독립이 얼마나 많은 지사의 희생 속에 이뤄졌는지를 온전히 느낄 수 있는 공간이다.

__ 해방을 맞이하고 조국에 돌아오다

광둥코뮌에서 살아남은 김성숙의 투쟁 방식은 변하지 않는다. 김성숙은 중국 내에서 반제국주의 혁명에 동참하여 독립운동을 이어갔다. 1930년대 중반을 거치며 김성숙은 중국공산당을 탈퇴하고, 한인공산주의자들을 규합하여 '조선공산주의자동맹'을 조직했다. 1936년에는 상하이에서 박건웅朴健雄, 1906-?, 김산 등과 조선공산주의자동맹을 '조선민족해방동맹'으로 개편했다. 이유는 하나, 조선 민중은 조선을 위한 혁명을 지향해야 한다고 본 것이다.

그러면서도 김성숙은 김원봉, 의열단과의 관계를 놓지 않았다. 그는 우한에서 조선민족전선연맹에 참여했다. 조선민족전선연맹으로 뭉치고 나서 김성숙은 김원봉, 유자명柳子明, 1894-1985, 최창익崔昌益, 1896-1957과 한 건물에 모여 함께 살았다. 뜻을 모았으니 함께 생활한 것이다. 물론 먹고사는 현실적인 문제에 기인한 면이 크다. 필자가 2019년 여름 당시 김성숙과 김원봉이 살던 건물을 직접 확인했는데, 옛 흔적은 어디에도 없었지만 건물 터만큼은 온전히 남아 있었다. 그 거리를 오가며 우리의 지사들이 독립운동을 했던 거다. 그리고 마침내 1938년 10월 10일 우한에서 중국 관내 최초의 조선인 정식 군대, 조선의용대가 탄생한다. 김원봉이 총대장을 맡았고 김성숙은 조선의용대 정치부 주임에 선임됐다.

중국 국민당 정부는 일제의 화력을 이겨내지 못했다. 1940년대 독립운동 진영 역시 중국 충칭으로 이동할 수밖에 없었다. 내부 분열을

항일과 친일의 역사 따라 현충원 한 바퀴

겪으며 반쪽이 돼버린 조선의용대는 대한민국 임시정부에 합류할 수밖에 없는 상황을 맞이했다. 이때 김원봉을 설득해 우리 민족사 최초의 좌우합작이 이루어지도록 다리를 놓은 것이 김성숙이다.

이후 김성숙은 1942년 대한민국 임시정부를 중심으로 독립운동단체들이 통합될 때 임시정부 국무위원으로 취임해 활동했다. 해방 전까지 김성숙은 대한민국 임시정부에서 내무차장과 외교연구위원 등을 역임했다.

광복 후 김원봉과 함께 1945년 12월 2진으로 고국에 돌아온 김성숙은 1946년 2월 이승만과 김구가 우익 인사 중심의 '비상국민회의'를 결성하자 1946년 2월 15일 장건상張建相, 김원봉과 함께 대한민국 임시정부를 떠나 '민족주의민주전선'에 가입하여 부의장을 역임했다. 이후 〈노동신문〉을 창간하는데, 미군정 반대를 주장한 혐의로 전주형무소에서 6개월간 옥고를 치르기도 했다. 이후부터는 미군정과 독재에 맞선 야당 인사로서의 활동뿐이었다.

한국전쟁 중에 은신해 납북되는 것을 면했지만 이승만 정권에 맞섰다는 이유로 경찰에 체포되어 수감되고 석방되기를 반복했다. 진보당의 조봉암이 이승만 정권에 의해 살해될 때 정치적 동지에 가깝다는 이유로 큰 곤욕을 치렀다. 그러나 이승만 정권의 독재에 대해 지속적으로 야당으로서 목소리를 냈다.

가난이 말년의 김성숙을 괴롭혔다. 그는 1955년 2월 23일자 일기에 "오늘 200원을 꾸어 쌀을 사왔다. 내가 독립운동을 하고 정치를 한다고 돌아다니면서도 가족을 굶기고 살고 있구나"라는 말을 남겼다.

1960년 4·19혁명으로 이승만 정권이 무너졌지만 김성숙의 생활은 크게 변하지 않았다. 1961년 박정희의 군사쿠데타 이후 '특수범죄처벌에 관한 특별법'에 엮여 다시 체포돼 옥고를 치렀다. 출감 이후 야당 정치인으로서 활동했지만 군사 독재정권의 서슬 퍼런 칼날을 넘어 활동하기란 쉬운 일이 아니었다. 1969년 4월 12일, 김성숙은 71세로 운명했다.

정부 공훈록에는 1968년 말년의 김성숙이 "신민당 지도위원으로 선출됐으나 오랜 가난과 병고에 시달려 고통받다 친지들의 주선으로 마련한 단칸방 '피우정'에서 기거했다"라고 기록됐다. 평생 독립운동을 했고 해방 후 독재에 맞섰던 지사의 삶치고는 아쉽고 안타까울 뿐이다.

어디에 잠들었나? 임시정부요인묘역 21번

05

김익상

—

조선 최고의 상남자, 그를 생각하면 눈물이 난다

김익상 지사
(일제의 신상기록 카드)

김익상金益相, 1895-1942은 1919년 의열단이 창설된 뒤 초반에 맹렬히 활약한 대표적인 인물이다. 일제가 조선을 강점한 36년 동안 유일무이하게 조선총독부에 폭탄을 던져 의거를 성공시킨 의열단원이기도 하다. 1922년 3월 중국 상하이에서 두 번째 의거를 진행하다 실패한 뒤 20년이 넘는 세월을 일제의 감옥에 갇혀 지내야만 했다. 필자의 전작 《약산로드 7000km》의 주인공 중 한 명이기도 하다.

경기도 고양에서 태어난 김익상은 생년월일조차 정확하게 알려지지 않았다. 대부분의 독립운동가처럼 명민했지만 집안 사정으로 학업을 중단하고 철공소에 견습공으로 취직해 근무했다. 이때 익힌 일본어가 거의 현지인과 다르지 않았다고 한다.

1919년 서울 교북동에 있던 광성연초공사廣盛煙草公司로 옮겨 근무하던 중, 1921년 6월경 중국 펑톈(현재의 선양) 지점으로 발령을 받고 중국으로 건너갔다. 중국으로 건너온 뒤 김익상은 본격적으로 독립운동에 투신할 생각을 하게 된다. 이를 위해 조종사가 돼 독립운동에 매진할 것을 결심하고 중국 광둥 비행학교를 찾아간다. 하지만 중국 국내 사정으로 비행학교가 이미 폐쇄된 상황이어서 뜻을 이루지 못한다.

방향을 바꾼 김익상은 상하이를 거쳐 베이징으로 향한다. 그곳에서 심산 김창숙을 통해 의열단 단장이었던 김원봉을 만나게 된다. 항일의 의지가 뜨거웠던 두 사람은 금세 의기투합하고 김익상은 의열단 단원이 된다.

1921년 9월 김익상은 임무를 부여받고 조선으로 향한다. 그에게 부여된 임무는 적의 심장 조선총독부에 폭탄을 터뜨리는 것이었다. 결행을 위해 떠나던 김익상을 향해 동료들은 "언제 다시 보냐"면서 눈물을 흘렸다. 상남자였던 김익상은 "휜소리(쓸데없는 소리)하지 말라"며 "닉넉하게 일주일이면 의거에 성공하고 돌아올 것"이라고 답했다.

1921년 9월 10일께, 베이징을 떠난 김익상은 신의주를 거쳐 1921년 9월 11일 서울에 도착한다. 동생 김준상의 집에서 하루를 묵은 뒤, 12일 일본 전기수리공 차림으로 조선총독부 청사로 갔다. 오전 10시경 청사로 들어가 2층 비서과에 폭탄을 던지고, 이어 회계과에 폭탄을 던졌다. 불행히도 비서과에 던진 폭탄은 폭발하지 않았다. 하지만 회계과에 던진 폭탄은 폭발했다. 조선총독부에 폭탄을 터뜨리는 말도 안 되는 거사를 성공시켰다.

그런데 여기서 김익상의 놀라운 기지가 발휘된다. 전기수리공으로 위장한 김익상은 놀란 표정을 지으며 일본어로 '피하시오'를 외치며 조선총독부 청사를 빠져나왔다. 이후 전차를 타고 서울 시내를 돌며 몸을 피했다. 목수로 위장해 평양을 거쳐 다시 자신이 왔던 길을 되짚어 베이징으로 돌아왔다. 그날이 1927년 9월 17일. 베이징을 떠난 지 딱 일주일 만이었다.

놓치지 말아야 할 점은 당시까지만 해도 조선총독부는 광화문이 아닌 남산 자락에 있었다는 것이다. 김익상의 의거 이후 일제는 조선총독부 이전을 준비했고, 광화문과 경복궁 사이에 조선총독부 건물을 새로이 올렸다. 1926년의 일이다. 1996년 김영삼 정권이 완전 철거할 때까지 조선총독부 건물은 무려 70년을 경복궁과 광화문을 잇는 맥을 끊고 있었다.

김익상은 이듬해인 1922년 3월 다시 한번 거사를 준비한다. 상하이에 일본 육군 대장 다나카 기이치(田中義一)가 온다는 소식을 접했기 때문이다. 거사일인 1922년 3월 28일, 김익상은 상하이 와이탄 세관 부두에서 다나카 기이치를 맞이한다. 함께 작전을 준비한 의열단원 오성륜이 다나카에게 총탄 두 발을 발사했다. 그러나 먼저 나온 미국인 여성이 오성륜의 총탄에 절명하고 만다. 다나카는 급히 자동차로 도망치기 시작했고, 2선에 있던 김익상이 가슴에서 총을 꺼내 두 발을 쏘았지만 저격에 실패했다. 3선에 있던 이종암이 폭탄을 던졌지만 폭발하지 않았다. 의거 직후 오성륜과 함께 도주한 김익상은 중국 군경에 체포되었다. 이후 김익상은 일본 경찰에게 넘겨져 일본 나가사키로 압송되었다. 그가 의거를 일으킨 현장과 압송된 상하이 일본총영사관은 지금도 와이탄 북단에 옛 모습 그대로 남아 있다.

일본으로 압송된 1922년 11월 김익상은 나가사키 공소원의 공소공판에서 사형을 선고받았다. 이후 무기징역으로 감형되고, 다시 징역 20년으로 감형되어 옥고를 치렀다. 그사이 1차 의거 때 자신을 숨겨준 동생은 일제의 등쌀에 못 이겨 자살했다. 아내와 딸은 행방불명됐다. 출옥 후 고향으로 돌아온 김익상은 얼마 뒤 실종됐다. 일본인 형사에게 암살당했다는 것이 지금까지 나온 가장 유력한 설이다.

시신도 찾지 못한 김익상은 현충원 무후선열제단에 잠들었다. 그는 1922년 6월 나가사키 지방재판소에서 열린 제1회 공판에서 "나는 한 번 한 이상 어떠한 형벌이든지 사양치 아니한다"면서 "나의 수령(김원봉)과 동지자(의열단원)는 말할 수 없으나, 이후로 제2의 김익상, 제3의 김익상이 뒤를 이어 나타나서 일본 대관 암살을 계획하되 어디까지든지 조선 독립을 이루기까지는 그치지 아니할 터다. 아무리 (일제가) 문화 정치를 한다 해도 그것을 찬성할 사람은 한 사람도 없으며 나의 이번 일에 대하여는 조금도 뉘우침이 없다"라고 말했다.

2020년 5월 현재, 그의 이름 석 자만 남은 위패 뒤에 친일파가 잠들어 있다. 김익상, 그를 생각할 때마다 눈물이 나는 이유다.

항일과 친일의 역사 따라 현충원 한 바퀴

어디에 잠들었나? 무후선열제단 3번

2019년 4월, 학생들과 함께 국립서울현충원 투어를 진행했던 모습이다. 김익상 지사가 잠든 무후선열제단 앞이다.

06

이재명

—

이완용을 찌른 칼이 한 치만 더 깊었다면

1905년 나라를 팔아먹은 이들이 있으니, 이른바 을사오적乙巳五賊이라 불린 학부대신 이완용李完用, 1858-1926, 군부대신 이근택李根澤, 1865-1919, 내부대신 이지용李址鎔, 1870-1928, 외부대신 박제순朴齊純, 1858-1916, 농상공부대신 권중현權重顯, 1854-1934이었다. 당시 국가공인 친일파 이종찬의 조부 이하영은 법무대신으로 일제에 적극 협력했다. 이들의 행적에 분노한 1인이 평안도 출신의 청년 이재명李在明, 1887-1910이었다.

이재명은 평양 일신학교를 졸업한 뒤, 1904년 열다섯 나이에 미국 노동이민 회사의 모집에 응해 하와이로 건너갔다. 엄청난 중노동에 시달렸지만 이재명은 1906년 3월 학업을 잇기 위해 샌프란시스코로 건

항일과 친일의 역사 따라 현충원 한 바퀴

너가 도산島山 안창호安昌浩, 1878-1938를 만난다. 그후 안창호가 만든 공립협회共立協會에 가입해 활동했다.

1907년 6월 일제가 헤이그 특사 사건을 빌미로 고종高宗을 강제로 퇴위시키자 공립협회는 공동회를 개최한 뒤 매국노 숙청을 결의했다. 이미 1905년 을사늑약이 벌어진 상황, 이재명은 매국노 숙청을 위한 실행자로 자원했다. 그는 1907년 10월 일본을 거쳐 조선에 귀국했다.

거사를 준비하던 이재명은 1909년 11월 친일 단체인 일진회一進會가 '한일합방'을 주창하는 성명서를 공포하자, 평양 경흥학교 내에 위치한 야학당에서 동지들과 함께 매국노 처단 방법을 논의했다.

1909년 12월 22일 이완용이 서울 천주교당(명동성당)에서 벨기에 황제의 추도식에 참석한다는 소식을 듣고, 이재명은 성당 문밖에서 군밤 장수로 변장해 대기했다. 이완용이 인력거를 타고 앞으로 지나갈 때 비수를 들고 이완용에게 달려들어 제지하려는 차부(마차 등을 부리는 사람)를 찌르고 그의 허리를 찔렀다. 이완용이 현장에서 벗어나려 하자 이재명은 이완용에게 다가가 어깨 등 세 곳을 더 찔렀다. 목적을 달성했다 생각한 이재명은 그제야 '대한독립만세'를 외치고 잡혀갔다. 그러나 모두가 잘 알듯 매국노 이완용은 당시 최고의 의료 기술로 살아남았다. 물론 이후 폐 쪽의 지병을 얻어 평생 고생했으며 결국 천식과 폐렴으로 발전해 1926년 사망했다. 이재명의 의거가 간접적인 원인으로 작용해 사망에 이른 것이라 할 수 있다.

이재명은 1910년 5월 18일 경성지방법원에서 사형을 선고받았다.

이완용

사형 선고 뒤 최후 진술에서 이재명은 "공평치 못한 법률로 나의 생명을 빼앗을 수 있지만 국가를 위한 나의 충성된 혼과 의로운 혼백은 가히 빼앗지 못할 것이니, 한 번 죽음은 아깝지 아니하거니와 생전에 이룩하지 못한 한을 기어이 설욕(부끄러움을 씻음)신장(세력이나 권리가 늘어남) 하리라"라고 밝혔다. 그리고 네 달 뒤인 9월 30일 이재명은 사형 집행으로 순국했다.

어디에 잠들었나? 무후선열제단 10번

07

나석주

—

"나는 투쟁했다. 2천만 민중아, 분투하여 쉬지 말라"

나석주
(〈동아일보〉 기사)

나는 조국의 자유를 위해 투쟁했다. 2천만 민중아, 분투하여 쉬지
말라!

의열단원 나석주羅錫疇, 1892-1926가 1926년 12월 28일 의거를 행한
뒤 지금의 서울 을지로 한복판에서 자신의 가슴에 권총 세 발을 쏘기 직
전에 외친 말이다. 서른넷 생의 마지막까지 투쟁하고 분투하며 살다 간
나석주, 그는 한마디로 뜨거웠던 사람이었다.

나석주는 1892년 황해도에서 태어나 어릴 적엔 서당에서 한문을
배웠다. 이후 김구가 세운 양산학교楊山學校를 다녔다. 1920년 중국으

로 떠난 나석주가 대한민국 임시정부 경무국 요원이 되는 데는 어린 시절 스승이었던 김구와의 인연이 일정 부분 작용했을 것이다.

1919년 3·1운동이 발발하자 27세였던 나석주는 본격적으로 독립운동에 투신했다. 그런데 놀랍게도 그가 행한 첫 번째 항거는 강도행위였다. 3·1운동이 일어난 그달 하순 나석주는 동지들과 함께 복면을 쓰고 황해도 부자 최병항崔秉恒의 집에 쳐들어간다.

총을 든 나석주는 최병항에게 "독립 자금을 모금하러 왔다"고 말한다. 평소 나석주의 부친과 친분이 있던 최병항은 나석주의 목소리를 알아듣고 나석주, 김덕영金德永, 최호준崔皓俊, 1898-1945, 최세욱崔世郁, 1883-1939, 박정손朴正孫, 이시태李蒔泰, 1893-1933 등 6인조 강도에게 630원을 군말 없이 내놓는다. 지금으로 치면 2000만 원을 상회하는 거금이다.

나석주는 최병항에게 큰절을 하고 집을 나선다. 이후 황해도 부호 김웅석, 원형락의 집이 털리는 연쇄 강도 사건이 발생하지만 나석주는 잡히지 않는다. 좁혀지는 수사망에도 나석주는 황해도 일대를 돌며 일제의 경찰과 면장을 사살한다. 그것이 결정적 계기가 되어 일제는 나석주를 잡기 위해 군경을 늘린다.

감시망을 피해 나석주는 1920년 11월 중국으로 향한다. 앞서 21세이던 1913년 이미 북간도로 망명해 4년간 신흥무관학교 등지에서 군사훈련을 받은 나석주에게 두 번째 중국행이었다.

항일과 친일의 역사 따라 현충원 한 바퀴

— 스승 김구와 재회하다

1920년 나석주는 상하이로 방향을 잡았다. 대한민국 임시정부 경무국장으로 있던 양산학교 당시 스승인 김구를 다시 만나기 위함이었다. 김구와 재회한 나석주는 임시정부 경무국 산하 요원으로 활동하며 임정 경비와 밀정 수색 작업 등에 투입됐다.

정부 기록에 따르면 당시 나석주는 임정 생활을 짧게 이어간 뒤 중국 허난성에 있는 육군군관단강습소에 입학해 신식 군사기술을 습득했다. 졸업 후 중국군 장교로 복무하던 나석주는 1925년 다시 상하이로 돌아온다. 그런데 당시 상하이에는 나석주를 기다린 이가 있었으니 바로 의열단 우근友槿 유자명柳子明, 1894-1985이었다.

유자명은 의열단의 브레인을 맡은 인물이다. 삼국지의 유비 곁에 제갈량이 존재했듯 의열단에는 유자명이 있었다. 유자명은 독립운동 진영에 걸출한 청년이 있다는 소식을 듣고 그를 찾아내 의열단 단장이었던 김원봉에게 소개한다. 1926년의 일이다. 뜨거웠던 두 사람이 만났으니 조국에 대한 걱정으로 의열 투쟁을 논하는 건 당연한 일이었다.

유의할 점은 당시 심산 김창숙과 백범 김구 역시 "일제의 민족 수탈 기관과 친일 부호를 박멸해 국내 동포의 잠자는 정신을 일깨워야 한다"라는 내용의 독립운동 방향을 정한 상태였고, 이를 위해 민족 수탈 기관이던 식산은행과 동양척식회사 폭파를 실행할 인물로 나석주를 고려했다는 사실이다.

독립에 대한 열의로 뜨거워질 대로 뜨거워진 나석주는 망설임 없이 작전을 수행할 것을 의열단원으로서 결의한다.

＿ 불꽃같이 살다 떠나가다

1926년 12월 26일 '마중덕馬中德'이란 이름의 중국인으로 위장해 인천항에 들어온 나석주는 이틀 뒤인 12월 28일 결의를 실행에 옮긴다.

나석주는 지금의 을지로에 위치한 조선식산은행으로 들어가 폭탄을 던졌다. 조선식산은행은 동양척식주식회사와 더불어 조선총독부를 뒷받침했던 핵심 기관 중 하나로 1918년 10월 한성농공은행 등 여섯 개 은행을 합병해 설립됐다. 1920년부터 일제가 패망하는 1945년 8월까지도 조선의 자금을 수탈해 전쟁 수행을 위한 기금으로 운용했다. 나석주가 조선식산은행에 첫 번째로 폭탄을 던진 이유다. 불행히도 나석주가 던진 폭탄은 불발한다.

불발한 폭탄을 확인한 나석주는 식산은행 건너편에 있는 동양척식주식회사로 이동해 현장에 있던 일본인 기자를 시작으로 동양척식주식회사 직원들을 향해 저격을 이어간다. 이후 2층으로 이동한 나석주는 기술과에 폭탄을 던졌다. 하지만 이 역시도 불발, 그사이 신고를 받고 출동한 일본 경찰이 난입한다.

급히 현장을 빠져나온 나석주는 일본 기마대의 추격을 받는다. 지금의 을지로1가에서 총격전이 벌어진다. 일본 경찰들의 포위망이 더없이 좁혀오는 상황, 나석주는 군중을 향해 삶의 마지막 말을 외친다.

항일과 친일의 역사 따라 현충원 한 바퀴

나는 조국의 자유를 위해 투쟁했다.
2천만 민중아, 분투하여 쉬지 말라!

나석주는 자신의 가슴에 총부리를 겨
눈 뒤 세 발을 연사했다. 병원으로 옮겨
졌지만 순국한다. 나석주의 시신은 그의
고향인 황해도에 안장된 것으로 전해지
고 있다.

1999년 나석주의사기념사업회는 그
가 순국한 자리에 동상을 세웠다. KEB하
나은행 본점 앞쪽, 을지로입구역 1번 출
구 뒤쪽이다. 지날 기회가 있다면, 잠시
인사라도 드렸으면 하는 바람이다.

을지로입구역 근처에 나석주 선생의 동상에
세워져 있다.

어디에 잠들었나? 무후선열제단 98번

08
—
박열
—

일본 감옥에서 외친 말, "나는 조선인이로소이다"

박열과 후미코
ⓒ 박열기념사업회

1945년 11월, 만 27년 만에 조국에 돌아온 백범 김구는 당시 재일 조선거류민단의 단장을 맡고 있던 박열朴烈, 1902-1974을 찾는다. 이유는 하나, 1932년 순국한 윤봉길 의사와 이봉창 의사의 유해를 수습해달라는 요청을 하기 위함이었다.

1946년 3월 박열은 김구의 요청을 수락한 뒤 유해발굴단을 조성해 윤봉길, 이봉창, 백정기白貞基, 1896-1934 의사의 유해 발굴에 나섰다. 그러나 난항에 부딪혔다. 쉽게 찾을 수 있다 판단한 윤봉길 의사의 유해가 발견되지 않았다.

1932년 4월 29일 홍커우 의거 후 청년 윤봉길은 그해 12월 19일

가나자와 외곽 육군사격장에서 미간에 총을 맞고 사형당한다. 이후 일제는 자신들의 기록에 "윤봉길의 유해를 관에 넣어 노다산 육군묘지에 인접한 가나자와 공동묘지에 매장했다"라고 남겼다. 거짓말이었다. 윤봉길의 유해는 매장된 것이 아니라 쓰레기 처리장 부근 길가에 암장돼 방치됐다. 일제는 윤봉길 의사의 유해가 발굴단에 의해 수습될 때까지 14년 동안 사람들이 밟고 지나가게끔 만들었다.

곡절 끝에 임무를 수행한 박열은 1946년 꿈에 그리던 조국에 돌아온다. 일왕 암살 시도로 22년 2개월 동안 일제의 감옥에서 보낸 뒤의 일이다. 그러나 그를 기다리던 것은 해방 정국의 거대한 이념 갈등과 친일파의 난립이었다.

― 가네코 후미코와 일왕을 겨냥하다

1902년 경상북도 문경에서 태어난 박열의 본명은 박준식朴準植이다. 열다섯 살에 서울에 올라와 경기고등학교 사범과에 진학했지만 1919년 3·1운동이 일어나자 시위에 가담했다는 이유로 퇴학당했다. 이후 일본으로 건너가 세소쿠가쿠엔고등학교에 다녔지만 생활이 어려워 신문 배달 등과 같은 아르바이트를 병행해야 했다.

이때 박열은 일본 사회에 크게 유행한 사회주의 및 아나키즘에 영향을 받은 이들과 교류했다. 그리고 박열도 나서서 1921년께 김원봉의 동지였던 김약수金若水, 1890-1964 등과 함께 흑도회黑濤會를 창설해 사회주의운동에 적극 참여했다.

박열은 1923년 4월 불령사不逞社라는 조직을 만들고, 그해 9월로 예정됐던 일본 태자의 결혼식에 일왕을 비롯해 일본 왕실 요인들을 일거에 폭살할 계획을 부인 가네코 후미코(金子文子)와 함께 짠다.

그러나 당시는 관동대지진이 발생한 상황, 박열은 '보호검속'이라는 명목 아래 조직원들과 함께 체포되었다. 경찰의 취조 도중 일왕 암살을 꾀했다는 것 역시 발각됐다. 박열은 1926년 대역죄로 일본 대심원에서 사형이 언도됐다.

체포된 박열은 법정 투쟁을 벌였다. 이 당시의 이야기가 2017년 개봉한 영화 〈박열〉에서 주요하게 다뤄졌다. 박열은 공판에 앞서 재판장에게 "죄인 취급하지 말 것, 동등한 좌석을 설치할 것, 조선 관복을 입을 것, 조선어 사용" 등 네 가지 조건을 요구했다. 일본 사법부가 그의 요구를 일부 받아들임에 따라 사상 초유의 법정 투쟁이 일어났다.

당시 감옥에 있던 박열과 가네코 후미코가 도발적인 모습으로 사진 한 장을 찍었다. 박열이 책을 읽는 후미코의 가슴에 손을 올리고 찍은 것인데, 사진이 유출되자 당시 야당은 '대역범죄인을 우대했

박열과 가네코 후미코

다'면서 와카쓰키 내각 사퇴 운동을 벌였다. 이 때문에 사흘 동안 의회가 정지되었고, 사건의 예심판사 다테마쓰는 1926년 8월 9일 사직서를 제출했다.

박열과 후미코는 무기징역형으로 감형되었으나 1926년 7월 23일 우쓰노미야 형무소에서 후미코가 의문의 죽음을 맞았다.

해방 후 박열은 혼란한 국내 사정을 감안해 자신만의 길을 걷고자 했다. 그러나 1950년 한국전쟁이 발발하자 조소앙, 엄항섭嚴恒燮, 김의한金毅漢 등 애국지사들처럼 납북되고 만다. 북에서 박열의 활동은 재북평화통일촉진협의회 이외에 구체적으로 알려지지 않은 상태다.

박열과 옥중에서 결혼한 가네코 후미코 여사의 묘는 박열의 고향 경북 문경에 조성됐다. 박열은 평양 애국열사묘지에 안장된 것으로 알려졌다.

어디에 잠들었나? **무후선열제단 209번**

09

김상옥

—

1:1000, 종로를 흔든 그날의 총성

서울 혜화동 마로니에 공원에 가면 뒷짐을 진 채 정면을 응시하는 콧수염 사나이 동상을 만날 수 있다. 의열단원 김상옥金相玉, 1889-1923 지사다. 김상옥은 정부기록인 〈공훈록〉에 다음과 같이 기록되어 있다.

1899년(1889년의 오기)에 서울 효제동에서 태어나 각종 공장 생활을 하다 17세에 기독교에 입교해 동흥야학교를 설립하는 등 교육 사업에 힘썼다. … 이후 철물상을 경영하며 그 경제적 기반으로 1913년 비밀결사 광복단 조직에 참여하였고, 국산품장려운동을 벌이기도 하였다.

김상옥은 한마디로 상재가 뛰어난 인재였다. 서른이 안 돼 당시 종업원만 50여 명에 달하는 철물점을 운영했다. 김상옥은 이때 벌어들인 돈을 모두 독립운동에 쏟아부었다. 1919년 3·1운동 이후 독립운동에 더욱 매진해 광복단을 통해 일제의 주구를 암살할 계획도 세웠다. 그러나 중도에 탄로 나 위기에 처하자 이를 계기로 상하이로 망명했다.

상하이에서 처음 임시정부 인사들과 연을 맺지만 이내 김원봉을 만나 의열단에 가입한다. 이후 권총 네 정과 탄환 800발 그리고 항일 문서 등을 들고 다시 서울로 돌아온다. 1922년 연말의 일이다.

당시 김상옥이 서울로 돌아온 이유는 단순했다. 사이토 마코토(齋藤實) 총독을 암살하는 것. 그런데 이듬해인 1923년 1월 12일 밤 8시 종로 한복판에서 거대한 폭음이 들린다. 독립지사들을 고문하고 처단했던 종로경찰서에 폭탄이 터진 것이다. 사이토 저격을 준비하던 김상옥이 스스로 준비한 폭탄을 종로경찰서에 던졌다.

문제는 이로 인해 김상옥의 본래 계획이었던 사이토 총독 암살이 더욱 어려워졌다는 것이다. 애초에 김상옥은 일본 제국의회에 참석하기 위해 서울역을 떠난 사이토 총독을 암살하려고 계획했지만 종로경찰서 폭탄 투척 사건으로 총독에 대한 경계가 강화됐다. 기회를 엿보았지만 오히려 역추적만 당하게 된 것이다.

김상옥은 서울 용산 삼판동에 살던 매부 고형근의 집으로 피신한다. 하지만 출동한 일경에 포위되고 대탈주를 전개한다. 서울 한복판에서 총격전이 벌어졌다. 김상옥은 탈주를 거듭하다 1923년 1월 22일 새벽 서울 종로구 효제동에서 1000여 명의 일경에 다시 포위된다. 지붕 위를 뛰어다니며 일전을 벌였지만 이미 총알이 다 떨어진 상황, 김상옥은 마지막 총알이 남자 그것으로 자신의 목숨을 끊어버렸다. 김상옥의 시신에는 11발의 총탄이 박혀 있었다.

김상옥은 상하이를 떠나기 전 동지들에게 "생사가 이번 거사에 달렸소. 만약 실패하면 내세에서나 봅시다. 나는 자결하여 뜻을 지킬지언정 적의 포로가 되지는 않겠소"라는 말을 남겼다. 그는 자신의 유언대로 마지막까지 총을 쏘다 스스로 생을 달리한 것이다.

김상옥 사후 임시정부 국무위원이었던 조소앙은 그의 전기를 집필했다. 당시 중학생이었던 서양화가 구본웅具本雄은 김상옥의 총격전을 직접 목격해 훗날 〈허둔기〉에 스케치와 추모시를 남겼다. 2019년 대한민국 100주년을 맞아 서울특별시는 대학로로 향하는 종로5가 효제동 버스정류장에 '김상옥의거터'라는 이름을 붙였다.

어디에 잠들었나? **애국지사묘역 5번**

항일과 친일의 역사 따라 현충원 한 바퀴

10
—
박재혁
—

'가기허다수익'이면 '불가기재견군안'

1920년 9월 14일 부산경찰서에 폭탄이 터진다. 경찰서장이었던 하시모토는 현장에서 사망하고 폭탄을 터트린 청년은 피범벅이 된 채 일제의 손에 잡혔다. 공식적으로 의열단 의거가 처음으로 성공하는 순간이었다. 부산 출신 스물다섯 청년 박재혁朴載赫, 1895-1921이 해낸 일이었다.

박재혁은 1895년 부산에서 태어나 부산진보통학교와 부산상업학교를 나왔다. 정부 기록에 따르면 1913년 최천택崔天澤 등 16명의 동지와 함께 구세단救世團을 조직해 항일투쟁을 전개했으나, 여섯 달 만에 조직이 탄로 나 체포된 뒤 모진 고문을 당했다.

1917년 무역상회에서 일하게 된 박재혁은 상하이와 싱가포르를 오가며 무역업에 종사했다. 그 과정에서 많은 독립운동가들과 교류하다가 1920년 여름에는 김원봉을 만나 의열단에 가입한다.

그러나 당시 의열단은 매우 위태로운 상태였다. 1919년 11월 중국 지린에서 탄생한 의열단은 몇 달간 준비해 1차 폭탄 의거를 진행했다. 하지만 밀정에 의해 의거에 동참했던 동지들 대부분이 구속됐다. 의열단원을 구속하고 고문했던 대표적인 장소가 부산경찰서였다.

싱가포르에 머물던 박재혁은 "상하이로 급히 와달라"는 김원봉의 전보를 받는다. 다시 상하이에서 만난 약산과 박재혁은 '부산경찰서장 처단'이라는 새로운 거사를 준비한다.

── 폭탄 의거 후 단식으로 생을 마감한 박재혁

박재혁은 철두철미한 사람이었다. 부산경찰서장 하시모토 슈헤이(橋本秀平)가 고서에 흠뻑 빠져 산다는 정보를 입수하고 상하이를 떠나기 전 고서를 잔뜩 구입했다. 상하이를 출발해 나가사키를 거쳐 1920년 9월 13일 부산에 도착한다. 다음 날 고서상으로 위장한 박재혁은 부산경찰서장 하시모토와 면담하게 되고, 그 자리에서 고서 상자 바닥에 감췄던 폭탄을 꺼내 든다. 그러곤 하시모토를 향해 "나는 상하이에서 온 의열단원이다"면서 "네가 우리 동지들을 잡아 계획을 깨뜨린 까닭에 우리는 너를 죽인다"라는 말을 한다.

폭탄은 터졌고 몸에 피탄이 박힌 하시모토는 수일 뒤 사망했다. 현

항일과 친일의 역사 따라 현충원 한 바퀴

장에서 체포된 박재혁은 이듬해 3월 경성고등법원에서 사형을 언도받는다. 그런데 대구형무소에 수감된 박재혁은 일제의 손에 죽을 수 없다며 단식을 시작한다. 결국 단식 아흐레 만에 옥중에서 순국한다.

1920년 9월 박재혁은 일본에서 부산으로 향하는 마지막 길에 의열단 동지들에게 전보를 보냈다. 위장해야 했던 탓에 은유적인 표현을 썼지만 마지막까지 의열단원 박재혁다운 모습이었다.

'가기허다수익'이나 '불가기재견군안可期許多收益 不可期再見君顔'
수익은 기약할 수 있을 것 같은데, 당신 모습을 다시 볼 수는 없을 것 같습니다.

'가기허다수익'은 고서상으로 위장한 박재혁이 하시모토 서장을 처단할 수 있을 것 같다는 뜻이다. '불가기재견군안'은 약산을 포함한 동지들을 다시 보기 어려울 것 같다는 말이었다. 그의 전보는 유언이 됐다.

부산어린이대공원 안에는 박재혁 의사의 동상이 있다. 2019년 12월 박재혁 의사 의거 99주년을 맞아 부산시 중구 광복로 85번길 15에 '박재혁 의사 부산경찰서 폭탄 의거 안내판'이 세워졌다. 박재혁 의사가 의거를 성공시킨 일본 부산경찰서 자리다.

어디에 잠들었나? 애국지사묘역 76번

11

이종암

—

끝까지 살아남았다면, 그는 현충원에 잠들었을까?

이종암〈동아일보〉 기사)

1919년 11월 9일 밤, 중국 지린시 외곽에 열 명 남짓의 조선 청년들이 모인다. 김원봉, 윤세주尹世胄, 1900-1942, 한봉근韓鳳根, 1896-?, 이성우李誠宇, 1899-1929, 신철휴申喆休, 1898-?, 서상락徐相洛, 1893-1923, 김상윤金相潤, 1897-1927, 강세우姜世宇, 곽재기郭在驥, 1893-1952, 그리고 이종암李鍾巖, 1896-1930이다. 이들은 밤샘 논의 끝에 "천하의 정의를 맹렬히 실행한다"는 기치 아래 의열단 공약 10조를 발표한다.

천하의 정의로운 일(事)을 맹렬히 실행한다.
조선의 독립과 세계의 평등을 위해 신명을 희생한다.

충의의 기백과 희생의 정신이 확고히 자라야 의열단원이 된다.

단의團義를 우선하고, 단원의 의義도 급히 실행한다.

의백義伯 일인을 선출해 단체를 대표케 한다.

어느 때 어느 곳에서나 매월 일차씩 사정을 보고한다.

어느 때 어느 곳에서나 부름에 반드시 응답한다.

죽음을 피하지 아니하며 단의에 전력을 다한다.

하나가 아홉을 위해 아홉이 하나를 위해 헌신한다.

단의를 배반한 자는 척살한다.

이후 천하를 격동케 할 의열단의 활동이 이어진다. 그 중심에 1896년 대구에서 출생한 의열단원 이종암이 있었다.

── 박재혁과 최수봉에게 폭탄 건넨 이종암

이종암은 대구농업학교를 거쳐 부산상업학교에서 공부한 뒤 1914년 대구은행에 들어가 출납계 주임으로 근무했다. 이때 훗날 의열단원이 되는 김대지金大池, 1891-1942 등을 만나 독립운동에 투신하기로 결심한다. 1917년 12월 은행 돈 1만 900원이라는 거금을 꺼내 상하이를 거쳐 만주로 건너갔다. 지금 기준으로 3억 5000만 원이 넘는 금액이다.

만주에 자리 잡은 이종암은 1918년 2월 퉁화현 신흥무관학교에 입학했다. 1919년 3·1운동 후 지린으로 가 김원봉과 윤세주를 만나 의열단에 참여한다. 이후 군관학교에서 배운 폭탄 제조법을 바탕으로 1920년 9월 14일 박재혁의 부산경찰서 투탄 의거와 12월 27일 최수봉의 밀양경찰서 투탄 의거에서 사용한 폭탄을 만들어냈다.

1922년 3월 일제 육군 대장 다나카 기이치가 상하이에 온다는 소식을 듣고 그를 처단하기 위해 오성륜, 김익상과 함께 거사를 준비했다. 그러나 총탄은 빗나갔고 폭탄은 불발해 거사는 실패했다. 이종암은 현장을 무사히 빠져나왔지만 1925년 7월 국내에 몰래 들어가 군자금 모집 활동을 하다 일경에 붙잡혔다. 그리고 이것이 마지막이었다.

대구지방법원에서 징역 13년을 선고받은 이종암은 대전감옥에서 옥고를 치르다가 1930년 5월 결핵 등 병을 얻어 가출옥했다. 그 직후 숨을 거두었다. 1926년 12월 11일자 〈동아일보〉에 실린 빛바랜 사진 한 장이 이종암을 추억할 수 있는 거의 유일한 기록이다.

훗날 단장이었던 약산 김원봉이 해방된 조국에서 친일파들에게 고초를 겪어 북으로 떠날 수밖에 없던 사실을 고려하면, 오히려 일제강점기에 분연히 싸우다 현충원에 잠든 그의 삶이 더 다행스럽게 느껴진다. "천하의 정의로운 일을 맹렬히 실행하라"는 그의 유지를 제대로 이어가지 못해 안타깝다.

어디에 잠들었나? 애국지사묘역 61번

12

조명하

'로즈데이'를 기념하는 당신에게 알려주고 싶은 한 사람

조명하趙明河, 1905-1928라는 이름을 처음 접한 건 대만에서였다. 한창 〈꽃보다할배〉라는 텔레비전 프로그램이 인기를 끌던 시기였고, 이로 인해 대만 여행이 붐을 이뤘다. 나 역시 그 흐름에 맞춰 대만행 비행기에 몸을 실었다.

대만 타이베이 둥먼역 인근, 대만 최고 음식점이라고 불리는 딘타이펑 본점이 있는 곳이다. 주변에 유명한 빙숫집인 스무시하우스도 있다. 자연스레 현장에 갔고 그곳에서 붉은 벽돌만 남은 타이베이 형무소를 접하게 됐다. 그리고 그곳이 무협지 같았던 의열 투쟁을 성공시킨 청년 조명하의 순국지라는 것도 알게 됐다. 외벽을 따라 걷는데 뒤통수를 강

하게 얻어맞은 기분이었다. 이토록 가까운 곳에 조명하와 관련된 흔적이 남아 있을 거라곤 상상도 못 했다.

─ 스물셋 청년 조명하가 해낸 일

조명하, 정부 공훈록에 따르면 1905년 황해도 송화에서 태어난 뒤, 1926년 3월 신천군청에서 서기로 근무하던 중 6·10만세운동과 나석주 등의 의거 소식을 들으며 독립운동에 참여할 것을 결심했다고 한다. 당시 조명하 곁에는 갓 태어난 아들과 부인, 어머니가 있었는데 "큰 볼일이 있어 멀리 떠난다"라는 글을 남기고 떠났다.

'적을 이기려면 적을 알아야 한다'라는 생각으로 일본에 건너온 조명하는 아키가와 도미오(明河豊雄)라는 가명을 쓰면서 조선인이 몰려 있던 오사카에 정착했다. 그곳에서 공장 노동자와 상점원 등으로 일하며 밤에는 상공전분학교를 나녔다.

그러나 그에게 돌아온 것은 심각한 차별과 멸시였다. 조명하는 새로운 기획을 모색하고자 중국 상하이에 있는 대한민국 임시정부로 갈 결심을 한다. 문제는 활동할 자금이 부족하다는 것이었다. 상하이로 향하는 도중 조명하는 대만 타이중에 들러 잠시 머문다. 1927년 11월께다.

타이중에서 일본인 이케다가 경영하는 차 농장 등에서 일하며 기회를 엿보던 조명하는 당시 일왕 히로히토의 장인이자 육군 대장이던 구니노미야 구니요시(久邇宮邦彦)가 일본군에 검열을 온다는 소식을 접한다.

천재일우의 기회였다. 조명하는 그날부터 거사를 준비한다. 여기서부터 무협지 같은 일이 벌어지는데 조명하는 확실한 성공을 위해 중국인에게 비도飛刀를 배워 연마한다. 비도, 말 그대로 칼을 던져 상대를 해하는 방식이다.

1928년 5월 14일, 타이중시 도서관 앞, 환영 인파 속에 일왕의 장인이었던 구니노미야가 등장했다. 구니노미야를 확인한 조명하는 품 안에서 비도 한 자루를 꺼내 망설임 없이 던졌다. 그러나 불행하게도 비도는 구니노미야의 목을 스쳐 운전자에게 박혔다.

하지만 조명하는 애석해하지 않았다. 그는 의거 성공을 위해 미리 칼에 독을 발라뒀다. 거사 후 조명하는 중국 군중을 향해 "당신들은 놀라지 말라. 나는 대한을 위해 복수하는 것이다"라고 말하며 "대한독립만세"를 외쳤다. 일제 군경은 조명하를 현장에서 체포했다. 이후 조명하는 타이베이로 압송돼 사형선고를 받고 5개월 뒤인 1928년 10월 10일 순국했다.

그렇다면 황족이었던 구니노미야는 어찌됐을까? 조명하의 예상대로 구니노미야는 패혈증에 걸려 이듬해 1월에 사망했다. 패혈증은 인체에 세균이 침입해 죽는 병이다. 조명하 의사의 거사가 죽음의 직접적인 이유가 된 것이다.

스물셋 청년 조명하는 유언을 남기고 떠났다.

나는 삼한三韓의 원수를 갚았노라. 아무 할 말은 없다. 죽음의 이 순간을 나는 이미 오래전부터 각오하고 있었다. 다만 조국 광복을 못 본 채 죽는 것이 한스러울 뿐이다. 저세상에 가서도 독립운동은 계속하리라.

2019년 5월 조명하 의사의 대만 타이중 의거지 앞에는 그를 기리는 동상이 설치됐다. 어디에도 속하지 않고 단독으로 거사를 성공시킨 조명하는 1967년 7월 26일 현충원 독립유공자묘역에 안장됐다.

그러나 청년 조명하에 대해 우리는 너무 모르고 무관심했다. 여러 이유가 있지만 조명하의 의거가 한국과 일본, 중국이 아닌 대만에서 이루어졌다는 점, 조직 없이 홀로 의거를 했다는 점, 1992년 대만과의 단교 등이 복합적으로 작용했기 때문이다.

조명하의사연구회 회장인 호사카 유지 세종대학교 교수는 2019년 열린 한·대만 학자 좌담회에서 "의거 대상자가 일왕으로부터 가까운 사람인지, 일제에 준 충격이 어느 정도였는지를 기준으로 볼 때 (일본강점기 때) '4대 의거'는 안중근, 이봉창, 조명하, 윤봉길 의사의 의거가 된다"면서 "1928년 조명하 의사의 의거는 1932년 1월 이봉창, 1932년 4월 윤봉길 의사의 의거로 이어졌다"라고 평가하기도 했다.

개인적으로 현충원을 방문할 때마다 친일파 묘역 아래 잠든 조명하 의사의 무덤은 꼭 들르는데, 이렇게라도 해야 그에 대한 미안함을 덜 수 있을 것 같아서다. 더 많은 청년과 시민이 조명하를 온전히 기억하는 것이 바람이다.

항일과 친일의 역사 따라 현충원 한 바퀴

어디에 잠들었나? 애국지사묘역 44번

13

남자현

영화 〈암살〉의 전지현은 정말로 남자현을 모티브로 했을까?

2017년 8월 15일 문재인 대통령은 72주년 광복절 기념식에서 "광복은 항일의병에서 광복군까지 애국선열들의 희생과 헌신이 흘린 피의 대가"였다면서 독립운동가 여섯 명의 이름을 직접 호명했다.

의열단원이며 몽골의 전염병을 근절시킨 의사 이태준李泰俊, 1883-1921 선생, 간도참변 취재 중 실종된 〈동아일보〉 기자 장덕준張德俊, 1891-1920 선생, 무장독립단체 서로군정서에서 활약한 독립군의 어머니 남자현 여사, 과학으로 민족의 힘을 키우고자 했던 과학자 김용관金容瓘, 1897-1967 선생, 독립군 결사대 단원이었던 영화감독 나

항일과 친일의 역사 따라 현충원 한 바퀴

운규羅雲奎 선생, 노블레스 오블리주의 상징 '임청각'의 석주石洲 이상룡李相龍 선생.

당시 문재인 대통령이 언급한 여섯 명의 지사 중 유일한 여성이 바로 남자현南慈賢, 1872-1933 선생이다. 영화 〈암살〉에서 전지현 배우가 연기했던 안윤옥의 모티브가 된 인물이다. 그러나 서울현충원 애국지사묘역 41번 무덤에 잠든 남자현 지사의 일대기를 알면, 영화 때문에 회자됐지만, 역설적으로 지금까지 얼마나 과소평가됐는지를 생각하게 된다.

— 남자현, 독립군의 어머니가 되다

정부 기록에 따르면 남자현은 1872년 경북 안동에서 태어났다. 석학의 집안에서 자라면서 자연스레 《소학》과 《대학》, '사서삼경'에 통달했다고 한다.

열아홉 살에 경상북도 영양군 출신 김영주金永周에게 시집을 갔지만 오래지 않아 가정은 산산조각 나고 만다. 1896년 남자현이 24세가 되던 해 남편 김영주는 의병으로 일본군과 싸우다 전사했다. 살아남은 남자현은 남편의 복수를 결심했다. 그러나 그는 임신 중이었다. 시어머니도 있었다. 이때부터 남자현은 홀로 아들을 키우며 시어머니를 봉양했다.

1919년 3·1운동이 들불처럼 일어났다. 남자현은 분연히 일어나 혁명의 중심에 섰다. 이후 가산을 정리하고 아들과 함께 중국으로 건너가 서로군정서에 가입했다. 당시 나이가 47세, 지금으로 치면 환갑과 다르지 않다.

만주로 망명한 남자현은 아들을 신흥무관학교에 입학시킨다. 서로군정서 일원이 된 자신은 전투에 직접 참여하거나 부상병을 간호했다. 남자현이 '독립군의 어머니'라 불리게 된 직접적인 이유다. 그 과정에서 남자현은 만주 땅을 누비며 12개의 교회를 세웠다. 또 10여 개의 여자 교육회도 설립해 여성들의 계몽에 앞장섰다.

남자현의 행보는 여기서 그치지 않는다. 독립군 내부에서 분열이 생겨 다툼이 발생하자 남자현은 이레 동안 단식하며 손가락을 잘라 혈서를 썼다. 간부들의 통합을 위해 결행한 것이다. 분쟁은 중단됐다. 독립군 간부들은 뜻을 모아 싸우기로 결의했다.

＿ 〈암살〉의 주체가 되다

1933년 만 61세의 남자현은 만주 전권대사인 무토 노부유시(武藤信義) 처단을 목표로 걸인으로 위장하고 연락 및 무기 운반 등의 임무를 진행한다. 그러나 하얼빈 교외 정양가를 지나던 중 한국인 밀정의 밀고로 체포되고 만다.

일제에 붙잡힌 남자현은 혹독한 고문을 당한다. 온갖 고문에도 남자현은 "죽는 것이 오히려 사는 것"이라며 단식 투쟁을 전개한다. 하지만 이미 환갑을 훌쩍 넘긴 상황, 남자현의 신체는 더 버티지 못했다. 일제는 남자현의 보석을 받아들인다. 1933년 8월 22일 남자현은 하얼빈의 여관에서 숨을 거두었다.

그는 떠나기 직전 아들과 손주에게 (249원을 꺼내) "만일 너의 생전에 독립을 보지 못하면 너의 자손에게 똑같은 유언을 하여 내가 남긴 돈(200원)을 독립 축하금으로 바치도록 하라. 나머지는 손자의 교육비로 쓰라"는 말을 남겼다. 남자현의 후손은 해방 후 삼일절 기념식장에서 임시정부 요인에게 200원의 독립 축하금을 전달했다.

영화 〈암살〉이 흥행하자 경북 영양군은 2017년 남자현 지사의 생가터를 복원했다.

어디에 잠들었나? 애국지사묘역 41번

2부

국립대전현충원

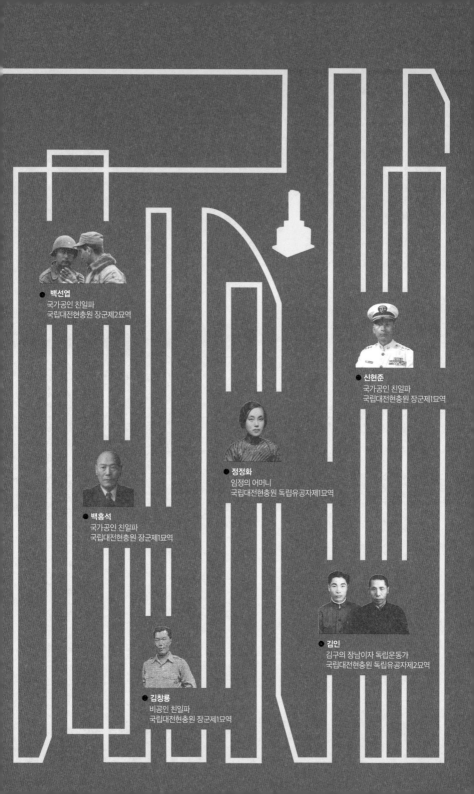

백선엽
국가공인 친일파
국립대전현충원 장군제2묘역

신현준
국가공인 친일파
국립대전현충원 장군제1묘역

정정화
임정의 어머니
국립대전현충원 독립유공자제1묘역

백홍석
국가공인 친일파
국립대전현충원 장군제1묘역

김인
김구의 장남이자 독립운동가
국립대전현충원 독립유공자제2묘역

김창룡
비공인 친일파
국립대전현충원 장군제1묘역

한눈에 보는
국립대전현충원

추천 답사

- 대전역 도착 →
- 현충원역 이동(지하철 1호선) →
- 보훈모시미버스 탑승(2번 출구) →
- 독립유공자제2묘역9(곽낙원, 김인 등) →
- 독립유공자제3묘역(조문기 등) →
- 장군2묘역(백선엽 등) →
- 현충문 및 현충탑 →
- 장군제1묘역
  (신현준, 김석범, 송석하, 백홍석, 김창룡 등) →
- 국가원수묘역(최규하) →
- 국가사회공헌자묘역(황장엽, 손기정 등) →
- 독립유공자제1묘역(정정화 등) →
- 장병제1묘역(방원철 등) →
- 호국철도기념관 →
- 보훈장비전시장 →
- 매점 앞 현충원역 방향 버스 승차

장병제1묘역

항일과 친일의 역사 따라 현충원 한 바퀴

독립유공자제1묘역

국가원수묘역

국가사회공헌자묘역

장군제1묘역

장군제2묘역

현충문 현충탑

현충광장

독립유공자제3묘역

독립유공자제2묘역

국립대전현충원

국립대전현충원의
역사

국방부가 직접 운영하는 국립서울현충원과 달리 국립대전현충원은 국가보훈처에서 직접 관리·운영하는 공간이다. 대전현충원 역시 친일의 그늘에서 전혀 벗어나지 못했다. 홈페이지에 "명산인 계룡산의 맥을 이어받은 문필봉과 옥녀봉을 정점으로 병풍처럼 둘러친 좌우 능선이 좌청룡·우백호를 이루고 있어 묘역으로 아주 이상적인 명당자리"라 칭했지만, 곳곳에 친일파가 잠들어 있다.

국립대전현충원 최고 명당이라 평가받는 장군제1묘역에는 신현준, 김석범, 송석하, 백홍석 등 국가공인 친일파 4인이 잠들어 있다. 2020년 7월 15일 논란 끝에 국가공인 친일파 백선엽이 장군제2묘역에 안장됐다. 민족문제연구소가 발간한 《친일인명사전》을 기준으로도 국가공인 진일파 5녕을 포함해 34명의 친일파가 국립대전현충원 곳곳에 잠들어 있다.

국립서울현충원의 안장 공간이 한계에 이르자 1975년 7월 15일 박정희 대통령은 지방 국립묘지 설치 검토를 지시했다. 그에 따라 1976년 4월 14일 충남 대덕군 유성읍 갑동리(현재 대전광역시 유성구 현충원로 251)의 현 위치에 대전국립묘지를 설치할 것을 결정했다. 이에 국방부는 1976년 5월 11일 지방 국립묘지 설치준비위원회를 구성하고 1979년 4월 1일부터 공사를 본격 착수하여 1985년 11월 13일 전체 면적 약 322만㎡(97만 4000평)의 현 국립대전현충원을 준공하였다. 묘역의 크기만 따지면 대전이 서울의 거의 두 배에 달한다.

국립대전현충원은 2006년 1월 30일 '국립묘지의 설치 및 운영에 관한 법률' 시행으로 소관부처가 국방부에서 국가보훈처로 바뀌었다.

국립대전현충원은 보훈처에서 직접 관리하는 애국지사들의 성지다. 국립대전현충원의 홈페이지에는 현충원장의 인사말이 있다. 그는 "국립대전현충원은 국가를 위하여 희생하거나 공헌하신 분들이 모셔져 있는 국가보훈의 성지, 민족의 성역"이라면서 "국립대전현충원 직원 일동은 이분들의 희생정신과 공훈을 기리고 편안한 안식을 위하여 최선을 다하겠다"라고 밝혔다.

국립대전현충원을 국가보훈의 성지, 민족의 성역으로 만드는 첫 번째 걸음은 잘못된 것을 바로잡는 일이다. 2020년 5월 말, 보훈처가 전두환의 글씨로 만들어진 현충원 현판을 2019년 안중근 의사 110주년을 기념해 제작된 '안중근체'로 교체했다.

국립대전현충원 현판

찾아가기

• **대전지하철 현충원역** 현충원역에서 순환버스를 타고 이동할 것을 추천한다.

• **보훈모시미 전용 버스** 현충일을 제외하고 1년 연중무휴로 운영되는 보훈모시미 버스는 30분 간격으로 운행된다. 무엇보다 100만 평에 육박하는 현충원 곳곳을 누비는 터라 목적한 장소까지 편하게 이동할 수 있다. 현충원역 2번 출구를 나와 10m 떨어진 곳에 가면 보훈모시미 전용 버스정류장을 확인할 수 있다. 운행시간은 현충원역 발차 기준 오전 9시 5분부터 오후 5시까지다.

0. 현충원역 발차 ⋯→ 1. 민원안내실, 매점제4묘역 ⋯→ 2. 관리사무실 ⋯→ 3. 경찰관묘역, 현충지 ⋯→ 4. 충혼당 ⋯→ 5. 경찰관묘역, 사병제6묘역 ⋯→ 6. 장교제2묘역 ⋯→ 7. 애국지사제3묘역 ⋯→ 8. 장사병제3묘역 ⋯→ 9. 천인힘46용사묘역 ⋯→ 10. 장군제2묘역, 애국지사제4묘역 ⋯→ 11. 장사병제7묘역 ⋯→ 12. 장사병제4묘역 ⋯→ 13. 사병제3묘역 ⋯→ 14. 사병제2묘역, 현충문 ⋯→ 15. 현충문 ⋯→ 16. 순직공무원묘역 ⋯→ 17. 사병제1묘역 ⋯→ 18. 민원안내실 맞은편 ⋯→ 19. 현충원역 도착

항일과 친일의 역사 따라 현충원 한 바퀴

•**국가공인 친일파가 잠든 장군제1묘역과 장군제2묘역** 보훈모시미 버스
는 장군제1묘역으로 바로 가지 않는다. 7번 애국지사제3묘역 또는
15번 사병제3묘역, 16번 현충문 앞에서 내려 도보로 10분 정도 이동
해야 한다. 백선엽이 안장된 장군제2묘역은 보훈모시미 버스 이동로
중 하나다.

국립대전현충원

친일파 묘역 위치(총 34명)

독립유공자묘역

국가원수묘역

국가사회공헌자묘역

장군제1묘역

장군제2묘역

독립유공자제3묘역

독립유공자제2묘역

항일과 친일의 역사 따라 현충원 한 바퀴

장군제1묘역 ·· 18명

고재필(225번)   김대식(92번)   김동하(50번)   김묵(170번)   김석범(71번)

김일환(9번)   김창룡(69번)   박동균(218번)   백홍석(176번)   석주암(108번)

송석하(93번)   신현준(273번)   신상철(241번)   양정수(221번)   유승열(231번)

윤수현(45번)   이형근(11번)   최주종(72번)

장군제2묘역 ·· 4명

박승훈(41번)   유재흥(187번)   이용(61번)   **백선엽(555번)**

장교제1묘역 ·· 3명

김안도(장병1-203-990)   방원철(장병1-207-2840)   한용현(장병1-201-234)

장교제2묘역 ·· 4명

김업(장병2-214-7104)   박이순(장병2-211-4715)

전남규(장병2-214-7134)   최병혁(장병2-215-8385)

경찰관묘역 ·· 4명

권위상(경찰1-504-219)   김석칠(경찰1-504-143)

홍병식(경찰1-503-742)   김영준(경찰2-511-2384)

국가사회공헌자묘역 ·· 1명

민복기(국가사회공헌자-18)

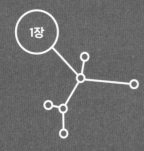

1장

국립대전현충원의
국가공인 친일파

신현준

'광복군'으로 신분 바꾼 해병대의 아버지

무적 해병의 아버지! 평생 조국과 겨레를 위해 몸과 마음을 다 바치신 님이여, 영원히 우리를 지켜주소서!

국립대전현충원 장군제1묘역 최상단에 잠든 국가공인 친일파 신현준申鉉俊, 1915-2007의 묘비에 적힌 말이다.

신현준은 경북 김천 출신이지만 어린 시절 가족과 함께 만주로 올라갔다. 이로 인해 한국어와 중국어, 일본어를 자연스레 구사했다. 신현준 스스로 자신의 책《노해병의 회고록》에 "어릴 때부터 중국어를 배워서 자유롭게 말할 수 있었다"면서 "이를 무기로 일본군에 종군하면 어려운 집안 살림을 도울 수 있으리라 생각했다"라고 밝혔다.

1932년 2월, 열일곱 살의 어린 나이였던 나는 학교 공부를 중단하고 일본군에 종군할 것을 결심했다. 당시 하얼빈시 남강(난강)에 주둔하고 있던 일본군 부대에 찾아가 구두 시험을 치른 다음 그 자리에서 합격 통지를 받았다.

이날부터 신현준은 1936년 4월까지 4년여 동안 일본 만주파견군과 만주국군의 통역으로 활동했다. 당시 신현준이 모셨던 일본군 참모 중에는 만주군 제5군관구 수석고문으로 러허성 일대에서 활동한 세키하라(關原六) 대좌(대령)가 있었다. 신현준은 회고록에 "장차 만주군 장교가 되고 싶다는 나의 희망을 알고 격려해주었다"면서 세키하라와의 인연을 자세히 언급했다.

세키 대좌는 35년 3월부터 나를 현지 실무부대(34사단)에 배속시켜 근무 경험을 갖도록 배려해주었다. 단장(연대장) 전속 통역으로 근무한 지 만 1년째 되던 36년 4월, 나는 마침내 소망하던 대로 만주군 장교가 되기 위해 펑톈군관학교에 입교하게 됐다.

신현준은 1937년 9월 만주국 펑톈군관학교를 5기로 졸업했다. 이후 1937년 10월부터 보병 35연대 박격포련(박격포중대)에서 견습군관으

항일과 친일의 역사 따라 현충원 한 바퀴

로 복무한 뒤, 그해 12월 만주국군 보병 소위로 임관했다. 1938년 12월 1일부터 항일무장세력을 토벌하기 위해 만들어진 간도특설대 창설 요원으로 활동했다.

1940년 우다카와 요시히토(宇田川義人)로 창씨개명한 신현준은 1941년 3월 중위로 진급한 뒤 1943년 12월부터 러허 방면으로 출동해 팔로군 및 항일무장세력 '토벌' 임무에 종사했다. 1944년 3월 만주국군 상위(대위)로 진급한 후 일제가 패망할 때까지 간도특설대 주요 간부 및 만주국군 보병 중대장으로 활동했다.

― '광복군'으로 신분 바꿔 귀국한 만주군 장교들

민족문제연구소가 발간한 《친일인명사전》에 따르면, 1945년 8월 10일 만주국군 8단 소속의 신현준은 "소련군의 진격을 저지하라"는 상부의 명령을 받고 집결지인 중국 싱룽으로 향한다. 8월 17일 싱룽에 도착한 신현준을 기다린 것은 일본의 패망 소식. 신현준은 중국군으로부터 직위 해임과 무장해제를 당했다.

총검을 잃은 신현준은 고향으로 돌아가는 대신 베이징행을 택한다. 당시 (세력 확장을 위해) 일본군 출신 조선인을 광복군에 적극 편입한다는 한국독립당의 방침을 접했기 때문이다. 베이징 인근에는 광복군 3지대가 주둔 중이었다.

신현준은 만주국군 후배인 이주일李周一, 1918-2002, 박정희 등 조선인 장교들과 함께 베이징으로 향했다. 일본군에서 고위 장교였던 신현준은 광복군 3지대 평진대대의 대대장이 됐다. 함께 이동했던 이주일은 1중대장, 박정희는 2중대장에 임명됐다.

항일무장세력을 탄압하던 만주군 장교가 해방 후 대한민국 광복군이 되는 아이러니한 상황이 발생한 것인데, 친일파 전문가인 정운현 전 국무총리 비서실장은 2018년 10월 22일 〈경남도민일보〉에 기고한 칼럼에서 "해방 직후 북경에는 광복군 출신, 학도병 출신 등 수많은 조선 청년들이 집결했다"면서 "그 숫자가 대략 400여 명에 달했는데 만주군 중위 출신의 박정희 전 대통령도 그중 한 명이었다. 박정희는 만주군 장교 경력을 인정받아 3지대 1대대 2중대장을 맡았다. 이들은 모두 '해방 후 광복군'"이라고 강조했다.

광복 이듬해인 1946년 5월 10일, 신현준은 미군 수송선을 타고 부산에 상륙한다. 이후 펑톈군관학교 동기인 정일권의 권유로 간도특설대 출신 김대식(해병내 3대 사령관)을 만나 조선해안경비대 입대 절차를 밟고 1946년 12월 중위로 임관한다. 이듬해 해병 소령으로 특진한 신현준은 1948년 5월 해군 진해통제부 참모장에 임명됨과 동시에 중령으로 진급한다. 1948년 10월 여순사건이 발생하자 여타의 일본군 출신과 마찬가지로 신현준 역시 적극적으로 움직인다. 그는 해군 함정 네 척을 이끌고 여수항 일대를 점령한 뒤 해상에서 작전을 전개해 저항 세력을 진압했다.

신현준은 여순사건을 토대로 "상륙작전을 전담하는 부대가 필요하다"면서 해병대 창설을 국군에 제안한다. 이승만 대통령은 1949년 5월 5일 대통령령으로 해병대 창설을 정식 공포하고, 신현준을 해병대 초대 사령관으로 임명했다.

신현준은 1949년 제주 4·3사건이 발생하자 해병대 전 병력을 제주에 배치해 토벌 작전을 전개한다. 한국전쟁 후 신현준은 해병대 사령관 자리를 간도특설대 출신 김석범에게 인계한다. 이후 1958년 미국 육군 참모대학에서 유학한 뒤 1960년 6월 해군 중장으로 진급했고, 1961년 4월 국방부 차관보에 임명된다.

5·16군사정변 후 군에서 물러난 신현준은 초대 모로코 대사와 초대 바티칸 대사를 지냈다. 제5대 세계반공연맹 사무총장도 역임했다. 미국으로 건너가 노년을 보낸 신현준은 2007년 10월 15일 만 91세의 나이로 사망한다. 닷새 뒤인 10월 20일에 국립대전현충원에 안장됐다.

2009년 반민규명위는 공식 보고서에 "신현준은 만주국군 장교로서 1938년 창설된 간도특설대의 창설 기간 장교로 발탁돼 1944년에 이르기까지 만주 지역 항일세력 무력탄압에 적극 협력했다"면서 "이러한 행위에 대한 '공로'를 인정받아 1943년 9월 만주국 정부로부터 훈6위 경운장을 받았다"라고 기록했다.

신현준은 간도특설대가 열하성(러허성)으로 이동한 1943년에서 1944년에 이르는 시기에 항일부대 및 무고한 민중에 대한 무력 탄압에 참여하는 등 일제의 침략전쟁에 적극 협력하였다. 신현준의 이러한 행위는 〈일제강점하 반민족행위 진상규명에 관한 특별법〉 제2조 10호, 19호에서 규정하는 친일반민족행위에 해당한다.

'장성급 장교'라는 이유로 2007년 10월 현충원에 안장된 신현준은 국가공인 친일파로 선정된 지 10년이 지났지만 여전히 국립대전현충원 장군제1묘역 최상단에 잠들어 있다.

상훈법이 개정되지 않는 한 강제로 이장할 수 없기 때문인데, 현행 상훈법에는 "서훈 공적이 거짓으로 밝혀진 경우나 국가 안전에 관한 죄를 범해 형을 받거나 적대 지역으로 도피한 경우, 형법·관세법·조세범 처벌법 등에 규정된 죄를 범하여 사형·무기 또는 3년 이상의 징역·금고형을 받은 경우에만 서훈을 취소할 수 있다"라고 명시됐다.

어디에 잠들었나? 장군제1묘역 273번

국립대전현충원 현충탑을 끼고 우측으로 난 길을 따라 들어가면 역삼각 형태로 위치한 장군제1묘역을 확인할 수 있다. 개인적으로는 독립유공자묘역에서 김구 선생의 장남 김인 선생과 어머니 곽낙원 여사를 뵙고 장군제1묘역으로 이동하는 것을 선호하는 편이다.

김석범

'창씨개명'만 하지 않은 해병대 사령관의 비밀

조상에 대한 신의로 창씨개명 아니한 오직 그 이름 김석범으로 이곳
까지 왔음을 자랑스럽게 생각합니다.

국립대전현충원 장군제1묘역 최상단 바로 아랫줄에 잠든 친일파 김
석범金錫範, 1915-1998의 묘비 내용 중 일부다.

김석범은 반민규명위 공식 보고서에 "만주국군 장교로서, 특히 '간
도특설대'의 주요 간부로 항일운동을 탄압하고 침략전쟁에 협력했다"라
고 기록된 인물이다.

1915년 11월 평안남도 강서에서 태어난 김석범은 1934년 중국 신

징사범학교를 졸업한 후 1936년 펑톈군관학교에 입학한다. 견습사관을 거쳐 1937년 12월 만주국군 소위로 임관한 김석범은 1939년 4월 졸업성적 우수자로 발탁돼 일본 육군사관학교에 입학한다. 만주국 신징군관학교를 거쳐 일본 육사를 졸업한 박정희 대통령과 유사한 경우다.

1940년 9월 일본 육사를 졸업한 김석범은 12월 만주국군 중위로 진급해 간도특설대 정보반 주임(책임자)으로 활동했다.

반민규명위는 김석범이 책임자로 활동한 간도특설대 정보반이 "1944년 열하성(러허성) 유수림자에서 정식 성립했다"면서 "정보반의 목적은 팔로군, 지하공작원, 민병의 활동과 군중의 사상 동태를 정찰해 (간도)특설대가 소탕활동과 항일군민을 체포하고 살해하는 것을 위해 정보를 제공하는 것"이라고 강조했다.

정보반은 가 연(중대)에서 13명의 골간분자를 뽑아 조직하였으며 변절분자 중에서 약간 명을 흡수해 정보활동을 진행했다. 주요 임무는 정보를 수집하고, 반공선전을 전개하며 체포된 항일연군과 혁명군중을 직접 심문하고 기타 정보활동을 조직하는 것이었다.

─ 기록으로 남은 간도특설대 정보반의 악행

김석범의 〈친일반민족행위진상규명 보고서〉에는 재중 사학자 차상훈 씨가 남긴 기록도 첨부됐다.

1944년 5월 열하성(러허성) 유수림자에 주둔하고 있던 특설부대는
40세 좌우의 백성을 붙잡아다 사격 과녁으로 삼았다. 정보반 반장
놈은 신병 매 사람에게 탄알 세 발씩 쏘게 했다. 30발을 쏘았으나
명중하지 못하자 노병사에게 사격하라 했고 단방에 그 백성을 명중
했다. 1944년 5월 아키바 중대장 놈이 부대를 거느리고 사가장자
마을을 습격했다. 놈들은 여자는 만나는 족족 강간하고 좋은 물건
은 닥치는 대로 빼앗았다. 〈악명 높은 간도특설부대〉(민족출판사,
1991)

민족문제연구소가 발간한 《친일인명사전》에도 "간도특설대가 중
국 허베이성 석갑진 일대에서 활동할 때, 정보반의 활동에 힘입어 '토
벌'한 횟수는 34건이나 되었다"면서 "토벌로 팔로군 군정 인원과 주민
39명이 학살됐고, 체포된 자는 62명에 이르렀다"라고 기록됐다.

김석범은 1943년 9월 15일 간도특설대에서 활동한 공로를 인정받
아 만주국 정부로부터 훈장을 받았다. 이듬해엔 만주국군 상위(대위)로
진급했다. 1945년 초부터 일본이 패망하는 8월까지 만주국군 제6관구
보병 7단에 전출돼 중대장을 맡았다. 당시 만주군 7단은 후방 진지 구
축과 군용 도로를 건설하는 역할을 진행한 부대다.

민족문제연구소는 "김석범이 1945년 6월경 보병 제30단과 합동으

로 징포후 서측지구 진지를 구축하다 8월 12일 명령에 따라 원대복귀하던 중 소련군을 만나 무장해제를 당했다"면서 "일제가 패망한 후 신징으로 가 조선인 출신 만주군 장교들이 주축이 돼 만든 신징보안사령부에 참가해 펑톈군관학교 동기생인 정일권에 이어 사령관을 맡았다"라고《친일인명사전》에 밝혔다.

해방 후 신징보안사령부 사령관이 된 김석범은 1946년 4월 신징보안사령부 소속 전원을 인솔해 인천으로 귀국했다. 당시 신징보안사령부에 참여한 인물에는 훗날 전두환의 장인이 되는 만주군 경리관 출신 이규동李圭東도 있었다.

― 해방 후 해병대 2대 사령관이 되다

해방 후인 1946년, 김석범은 대한민국 해군으로 보직을 바꿨다. 이후 해군통제부 참모장과 방위사령관 등을 지내다 한국전쟁 중 해병대로 전과했다. 1953년부터 친일파 신현준에 이어 해병대 2대 사령관으로 4년 동안 재임했다. 민족문제연구소에 따르면 김석범이 해병대로 전과하는 데는 펑톈군관학교 동기이자 간도특설대 전우인 신현준의 추천이 크게 작용했다고 전해지고 있다.

해병대 사령관을 마친 김석범은 국방대학원과 국방부장관 특별보좌관을 거쳐 1960년 해병대 중장으로 예편했다. 이후 재향군인회 부회장과 국군 장성들의 예비역 모임인 성우회 부회장을 지냈다.

1998년 2월에 사망한 김석범은 국립대전현충원 장군제1묘역 최상단 바로 아랫줄에 안장됐다. 그의 무덤 옆에는 만주 관동군 헌병으로 활동하며 항일무장세력을 소탕하던 김창룡이 잠들어 있다. 1949년 6월 김창룡이 방첩대장으로 머물 때 그의 직속 수하인 안두희安斗熙가 백범 김구 선생을 암살했다.

2009년 반민규명위는 공식 보고서에 "김석범은 만주국군 장교로 임관한 이래 일본의 패전 때까지 일본 제국주의 군대의 장교로 복무했다"면서 "특히 간도특설대 주요 간부로 만주와 중국 관내에서 항일무장부대 공격에 참여했고, 정보반 주임을 맡아 무고한 민중을 탄압하는 등 일제의 침략전쟁에 적극 협력했다"라고 기록했다.

김석범의 이러한 행위는 〈일제강점하 반민족행위 진상규명에 관한 특별법〉 제2조 10호, 19호에서 규정하는 친일반민족행위에 해당한다.

그러나 '장성급 장교'라는 이유로 1998년 2월 20일 국립대전현충원에 안장된 김석범은 '국가공인 친일파'로 선정된 지 10년이 지났지만 여전히 그 자리를 지키고 있다.

<u>어디에 잠들었나?</u> **장군제1묘역 71번**

대전현충원 현충탑을 끼고 우측으로 난 길을 따라 들어가면 역삼각 형태로 위치한 장군제1묘역을 확인할 수 있다. 위치상 국가공인 친일파 신현준의 묘와 함께 위아래에 자리해 있다.

03

—

송석하

—

"간도특설대 창설에 가장 큰 영향 끼친 인물"

민족문제연구소가 2009년 11월 발간한《친일인명사전》송석하宋錫夏, 1916-1999 편에는 "1937년 9월 펑톈군관학교 5기를 수석으로 졸업한 송석하가 만주국 황제가 주는 은사품으로 금시계를 받았다"라는 내용이 나온다.

그만큼 일제가 인정한 '인재'였다는 뜻인데, 송석하 역시 만주군 시절 일제의 기대에 부응하는 행동을 이어갔다. 특히 항일무장세력을 탄압할 목적으로 설립된 만주국 간도특설대에서 창설 과정부터 큰 역할을 했던 것으로 추정된다. 만주군 상위 출신 방원철方圓哲은 2004년 출간된《내가 겪은 한국전쟁과 박정희 정부》라는 책에서 "송석하는 간도특설대 창설에 가장 큰 영향을 끼친 인물"이라고 증언했다.

송석하는 1916년 충남 대덕에서 태어나 1999년 사망했다. 청주고등보통학교를 중퇴한 뒤 1934년 창춘외국어전문학원을 수료했다. 이후 1936년 6월 펑톈군관학교에 입학해 기초 군사훈련을 받은 뒤 1937년 9월 5기로 졸업했다. 견습군관을 거쳐 그해 12월 만주국군 소위로 임관한 송석하는 보병 27단에 배속돼 활동했다. 간도특설대가 창설된 이후에는 특설대 기박련에서 복무했다. 1941년 중위를 달고 1944년을 전후해 만주국군 상위(대위)로 진급했다.

반민규명위가 송석하의 공식 보고서에 "1937년 11월 만주국군 소위로 임관한 이래 일본의 패전 때까지 일제의 괴뢰국인 만주국의 군인으로 복무했다"면서 "간도특설대의 주요 간부로 항일무장부대를 공격하고 무고한 민중을 탄압하는 등 일제의 침략전쟁에 적극 협력했다"라고 기록한 이유다.

___ 조선인 이범익의 제안으로 만들어진 특작부대

반민규명위는 송석하의 보고서에 1993년 지린인민출판사가 출간한 《위만군사》를 인용해 '특설부대 성립의 역사적 배경과 조직 연혁'을 설명했다.

7·7사변 후, 동북 항일무장세력은 부단히 장대해져 게릴라전을 전

항일과 친일의 역사 따라 현충원 한 바퀴

개하여 일본의 큰 위협이 됐다. 당시 위만주국 간(젠다오)성장 이범익이 일본의 환심을 얻기 위해 일본이 제기한 '치안숙정'의 요구를 받아들이고 자발적으로 조선총독부에 조선 청년들을 모집해 항일연군을 '토벌'하는 특설부대를 조직할 것에 대한 건의를 제기했다.

7·7사변은 1937년 중일전쟁의 단서가 된 사건이다. 반민규명위는 "일본 측이 이범익李範益, 1883-?의 건의를 접수하고 즉각 건립할 것을 결정했다"면서 "안도현(안투현)치안대, 훈춘국경감시대, 봉천(펑텐)만군군관학교, 기타 만군학교에서 일본인 군관 7명, 조선족 위관 9명, 조선족 사관 9명을 선발해 특설부대 설립을 준비했다"라고 덧붙였다.

충북 단양 출신인 이범익은 러일전쟁 때 일본군 통역으로 시작해 만주 거주 조선인 친일파의 거두로 자리매김한 인물이다. 일제강점기 초반 경북 금산군수, 달성군수, 예천군수, 칠곡군수 등을 지낸 뒤 1921년 3월부터 조선총독부 내무국 내무부장으로 근무했다. 1929년부터 강원도지사를 지냈고 1934년 4월 충남도지사로 전임했다. 1937년 11월 만주국 젠다오성 성장에 임명돼 간도특설대 창설을 제안했다. 해방 후 1949년 3월 반민특위에 의해 체포됐지만 기소유예 처분을 받았다.

만주군 상위 출신 방원철로부터 '간도특설대 창설에 가장 큰 영향을 끼친 인물'로 평가받은 송석하는 1943년 9월 간도특설대 활동 공로를 인정받아 일제로부터 훈장을 받았다.

간도특설대 ⓒ 세계한민족문화대전

__ 해방 후 승승장구한 장군 송석하

해방 후 송석하는 김백일, 김홍준, 신현준, 김석범, 백선엽, 정일권 등 여타의 만주군 출신 장교들처럼 대한민국 국군으로 신분을 바꿨다.

송석하의 선택은 육군사관학교의 전신인 조선경비사관학교, 그는 단기 과정을 거쳐 소위로 임관했다. 그의 육사 동기 중에는 신징군관학교를 나와 만주국에서 근무하다 신현준과 함께 광복군으로 신분을 바꿔 귀국한 박정희 대통령도 있었다.

1948년 육사를 졸업한 지 2년도 안 된 시점에 송석하는 육군 소령으로 특진해 제2연대 부연대장이 됐다. 그해 10월 여순사건이 일어나자 1개 대대를 이끌고 진압 작전에 참가했다. 1949년 8월 수도경비사령부 참모장을 역임한 뒤 한국전쟁이 발발하자 20사단장이 돼 참전했다. 1955년 1월 육군 소장으로 진급했다. 1946년 대한민국 육군 소위

항일과 친일의 역사 따라 현충원 한 바퀴

로 임관해 1955년 1월 육군 소장이 되기까지 채 10년이 걸리지 않았다.

1961년 육사 동기인 박정희가 5·16군사정변을 일으킨 뒤, 송석하는 한국국방연구원 원장에 임명됐다. 1963년 송석하는 전역과 동시에 국가안전보장이사회 상임위원 겸 사무국장으로 임명됐다. 1965년 민방위개선위원회 위원장을 맡았고, 1969년에는 한국수출산업공단 이사장을 역임했다. 1972년에는 재향군인회 안보위원장도 맡았다. 1999년 1월 14일 만 83세의 나이로 사망했다. 이틀 뒤인 1월 16일 국립대전현충원 장군제1묘역 상단에 안장됐다.

한편 반민규명위는 2009년 작성된 공식 보고서에 "만주국군 출신 송석하 〈일제강점하 반민족행위 진상규명에 관한 특별법〉 제2조 10호, 19호에서 규정하는 친일반민족행위를 했다"라고 평가했다.

특별법 2조 10호에는 "일본제국주의 군대의 소위 이상의 장교로서 침략전쟁에 적극 협력한 행위"가, 19호에는 "일본제국주의의 식민통치와 침략전쟁에 협력해 포상 또는 훈공을 받은 자로서 일본제국주의에 현저히 협력한 행위"가 각각 명시돼 있다.

'장성급 장교'라는 이유로 1999년 1월 국립대전현충원 장군제1묘역에 안장된 송석하는 정부에서 '국가공인 친일파'로 선정된 지 10년이 지났지만 여전히 같은 자리를 지키고 있다.

어디에 잠들었나? 장군제1묘역 93번

04

백홍석

—

친일파 백홍석이 묘비에 남긴 말 "한 점 부끄럼이 없다"

오직 나라에의 충절 외길만을 걸어오신 참군인이었다.

국립대전현충원 장군제1묘역에 잠든 국가공인 친일파 백홍석白洪錫, 1890-1960의 묘비에 적힌 말이다. 이 문구 앞에는 "우러러 하늘에, 구불 어(구부려) 땅에, 그리고 사람에 대해 한 점 부끄럼이 없다"라고 새겨졌다.

'한 점 부끄럼 없이 살다 간 참군인 백홍석', 과연 그럴까? 반민규명 위가 백홍석의 공식 보고서에 명시한 내용을 살피면 묘비에 새겨진 내 용과는 큰 차이가 있음을 알 수 있다.

항일과 친일의 역사 따라 현충원 한 바퀴

백홍석은 1915년 일본 육사를 졸업한 후 1940년 초까지 약 25년에 걸쳐 일본군 현역 장교로 복무했다. 중일전쟁 이후인 1939년 신의주지구 방공사령관을 역임하면서 신의주 일대 대민통제를 담당했다. 1944년 4월부터는 경성 육군병사부에서 조선인 병력 동원을 담당하면서 일제의 식민통치와 침략전쟁에 적극 협력했다.

― 25년 일본군 복무 후 병원동원 업무 맡아

백홍석은 1890년 1월 평안남도 덕천에서 출생했다. 1909년 7월 대한제국 무관학교가 일본에 의해 폐쇄되자 두 달 뒤 일본으로 건너가 육군사관학교를 목표로 유학했다. 1913년 12월 일본 육군사관학교에 입학해 1915년 5월 27기로 졸업했다. 일본군 소위로 임관 후 오카야마 제17사단 예하 부대에서 근무했다. 1919년 4월 중위로 진급한 후 1929년 12월에야 대위가 됐다. 중위에서 대위로의 진급이 10년이나 걸린 셈이다. 백홍석은 이듬해 8월부터 10월까지 국세조사 육군조사원으로 종사해 '국세조사기념장'을 받기도 했다.

백홍석의 소좌(소령) 진급은 중위에서 대위로의 진급보다 훨씬 빠르게 이뤄졌다. 대위 진급 후 5년 뒤인

백홍석(마지막 줄 오른쪽 끝 인물. 일본 육사를 졸업한 20명의 조선 청년)

1934년 일본군 보병 소좌(소령)로 진급한 백홍석은 이후 조선주둔일본군 20사단 77연대 소속으로 평양 등에서 근무했다. 1939년 백홍석은 신의주지구 방공사령관에 임명됐고, 1940년부터 평안북도 방공위원회 위원으로 활동했다. 이러한 활동들이 일제에 인정을 받았다. 백홍석의 이름 석 자가 〈지나사변(중일전쟁) 공적서〉에 올라갔다. 이를 계기로 백홍석은 고위 장교인 일본군 중좌에 진급했다.

그러나 여기까지였다. 조선인 출신으로 눈에 띄는 공적을 세우지 못한 백홍석은 1943년 예편했다. 하지만 태평양전쟁이 확대되자 1944년 4월 예비역 보병 중좌 신분으로 재소집돼 조선 청년들을 전선에 보내기 위해 만들어진 경성 육군 병사부에서 과장으로 복무했다. 이곳에서 백홍석은 일본이 패망하기 직전인 7월까지 조선 청년들을 전선에 보내는 데 크게 기여했다.

반민규명위 역시 백홍석의 경성 육군 병사부 근무 기록을 언급하며 "1940년대 초 징병제가 결정되자 가장 먼저 병사부의 확대 설치가 필요하게 됐다"면서 "조선인에 대한 병력 동원이 본격화되면서 병사부에는 조선인 장교들이 부임했고, 경성과 해주에 각각 백홍석과 신태영이 부임했다"라고 명시했다.

일본은 조선인에 대한 병력 동원 업무를 조선인 장교들에게 담당시켰다. 이것은 단순히 동원 업무의 편리를 위한 것이기도 하지만 결국 조선인에게 조선인의 동원을 맡기는 일제의 교묘한 식민지배의

항일과 친일의 역사 따라 현충원 한 바퀴

이중성을 보여준다.

─ 해방 후 고위직으로 영전

　백홍석 역시 여타의 일본군 장교들과 마찬가지로 해방 후 대한민국 국군에서 활동한다. 해방 이듬해인 1946년 통위부(현 국방부) 자문역에 역임된 백홍석은 1948년 대한민국 육군 특별부대 사령관으로 임명된다. 당시 백홍석이 거친 것은 일주일짜리 특별 훈련 과정, 일본군으로 예비군을 포함해 30여 년을 복무한 그가 대한민국 육군 대령으로 신분을 바꾸기까지 걸린 시간이다.

　1949년 7월 백홍석은 정일권 준장, 신태영 준장 등 일본군과 만주군 출신 장교들과 함께 '공훈기장'을 받았다. 당시 백홍석과 함께 '공훈기장'을 받은 고위직 장교 중에는 채병덕도 있었는데, 그는 일본 육사 27기를 나와 일본군 중좌로 해방을 맞이한 인물이다. 백홍석의 사위였다.

　해방 후 장인 백홍석이 대한민국 육군 대령으로 임관했을 때 25세 어린 사위 채병덕이 대한민국 육군 소장이 돼 있었다. 채병덕은 해방 후 미군정이 세운 군사영어학교를 1기로 마친 뒤 남조선국방경비대 창설 중대장으로 대한민국 국군이 됐다. 이후 통위부 총참모장 등을 거쳐 1948년 12월에 육군 준장에, 두 달 뒤인 1949년 2월에 육군 소장에 올랐다. 동시에 대한민국 육해공군 총사령관에도 임명되는 초고속 승진을 했다. 그러나 한국전쟁 초반 안이한 판단으로 패전의 책임을 지고 물러났다. 1950년 하동전투에서 전사했다.

백홍석은 한국전쟁 기간인 1951년 서울지구 병사구사령관으로 재직했고, 1953년 대한민국 육군본부 병무감을 거쳐 1954년 동부지구 경비사령관, 1955년 대한민국 육군 제33예비사단(현재의 제17보병사단) 단장을 역임했다.

백홍석은 현역 군인이던 1952년 2월, 처음 만들어진 재향군인회의 회장도 맡았다. 특이한 점은 제대 군인들의 친목과 권익을 위해 만들어진 재향군인회가 한국전쟁 중에는 백홍석과 백승훈(2대 회장) 등 현역 장성들이 회장을 맡았다는 사실이다. 종전 후인 1953년 7월부터는 3대 회장인 신태영을 시작으로 예비역 장성 출신들이 재향군인회 회장직을 맡아오고 있다.

백홍석은 1960년 10월 만 70세의 나이로 사망했다. 현충원 밖에 안장됐던 백홍석은 2003년 3월 26일 국립대전현충원 장군제1묘역 중턱에 위치한 176번 무덤으로 이장됐다. 보훈처에 따르면 국립묘지로의 이장은 시기가 별도로 정해져 있지 않다. 유족의 희망에 따라 원하는 시기에 이장 절차가 진행된다.

어디에 잠들었나? 장군제1묘역 176번

백선엽
—

한국전쟁 '영웅'의 감추고 싶은 과거 기록

백선엽(가운데, 1950년 10월)

우리가 전력을 다해 토벌했기 때문에 한국의 독립이 늦어졌던 것도 아닐 것이고, 우리가 배반하고 오히려 게릴라가 되어 싸웠더라면 독립이 빨라졌다라고도 할 수 없을 것이다. 그렇다 하더라도 동포에게 총을 겨눈 것은 사실이었고 (그 때문에) 비판을 받더라도 어쩔 수 없다.

국가공인 친일파 백선엽白善燁, 1920-2020.07.10.이 1993년 자신의 일본어판 회고록《군과 나》에 기록한 말이다.

그는 회고록에서 "우리들이 추격했던 게릴라 중에는 많은 조선인이

섞여 있었다"면서 "주의주장이 다르다고 해도 한국인이 독립을 위해 싸우고 있었던 한국인을 토벌한 것이기 때문에 이이제이以夷制夷를 내세운 일본의 책략에 완전히 빠져든 형국이었다"라고 고백했다.

명백하게 일제에 부역했음을 인정하는 말이다. 이 때문에 백선엽은 2009년 11월 반민규명위에 의해 국가공인 친일파로 규정됐다. 위원회가 공식 발간한 보고서에는 "1941년부터 1945년 일본 패전 시까지 일제의 실질적 식민지였던 만주국군 장교로서 침략전쟁에 협력했고, 특히 1943년부터 1945년까지 항일세력을 무력 탄압하는 조선인 특수부대인 간도특설대 장교로서 일제의 침략전쟁에 적극 협력했다"라고 명시됐다.

하지만 대한민국 역사는 국가공인 친일파 백선엽을 '전쟁영웅'으로 부르고 있다. 이주천 원광대학교 사학과 교수(자유회의 공동대표)가 2011년 8월 〈한국일보〉에 기고한 글을 보면 대한민국 보수 사회에서 그를 이렇게 평가하는지 그대로 느껴진다.

백선엽 장군은 대한민국 국군의 창군 주역이며 1948~49년 빨치산 소탕과 숙군 작업에 큰 공을 세웠다. 만약 그런 일을 하지 않고 6·25 남침을 당했더라면, 국군은 더 큰 피해를 입었을 것이다. 백선엽의 현충원 안장 결정은 좌익폭동과 6·25 남침으로 인해 풍전등화와 같았던 대한민국을 구했기에 정당한 것이고, 그 공적은 만군 시절의 과오를 상쇄하기에 충분하다.

__ 만 100세, 백선엽 사망하다

이런 그가 2020년 7월 10일 밤 11시 사망했다. 그리고 사망과 동시에 '현충원 안장'을 놓고 큰 논란이 일었다.

〈조선일보〉를 중심으로 한 대한민국 보수세력은 "향년 100세로 별세한 한국전쟁 영웅 백선엽 예비역 대장에 대해 각계 조문과 애도가 잇따르고 있다"면서 "그가 없었다면 오늘날 우리가 누리는 자유와 평화와 번영은 없었다. 대한민국 자체가 존재하지 않았을 것"이라고 주장했다.

그러면서 "국가와 민족을 위해 목숨 바친 영령들의 안식처인 현충원에 백 장군이 못 들어간다면 누가 들어가나. 김원봉 같은 인물을 이장할 건가"라면서 "대한민국의 오늘을 있게 한 호국 영웅의 마지막 길이 이런 논쟁으로 얼룩지고 있다니 부끄러울 뿐이다. 모든 국민을 대표하는 공직자이자 군 통수권자인 대통령이 백 장군 빈소에 조문하는 것은 가장 기본적인 의무"라고 강조했다.

그러나 백선엽이 우리 국군의 영웅으로 추앙받아야 하는지에 대해선 여전히 의문이다. 민족문제연구소가 발간한 《친일인명사전》에는 "백선엽은 봉천(펑텐)군관학교를 9기로 졸업한 뒤 견습군관을 거쳐 간도특설대에서 근무했다"면서 "간도특설대는 일제의 패망으로 해산할 때까지 동북항일연군과 팔로군에 대해 모두 108차례 토벌 작전을 벌였다"라고 설명됐다.

백선엽은 일제가 패망하자 고향인 평안남도로 돌아가 도인민위원회 치안대장을 지냈다. 평양에서 잠시 조만식 선생의 비서를 지냈지만

1945년 12월 간도특설대 출신 김백일, 최남근崔楠根과 함께 월남해 대한민국 군인이 됐다. 대한민국 정부가 수립된 뒤 누구보다 빠르게 승진한 인물로, 1948년 군내 좌익 세력을 소탕하기 위한 '숙군작업'의 지휘를 맡았다. 이 과정에서 박정희 대통령이 남로당 활동 혐의로 체포되자 구명에 앞장섰다.

한국전쟁 발발 직후 육군 준장으로 진급했고, 이듬해인 1951년 4월에 소장이 돼 1군단장을 맡았다. 1952년 1월 육군 중장으로 진급했고, 같은 해 7월 육군참모총장 겸 계엄사령관이 됐다. 1953년 1월에는 한국군 최초의 육군 대장으로 진급했다. 1960년 예편 후 주중화민국 대사와 주프랑스 대사, 주캐나다 대사를 거쳐, 박정희 정권 당시 교통부 장관을 지냈다. 2008년 5월에는 대한민국 건국60주년기념사업추진위원회 위원장으로 위촉되기도 했다. 국가공인 친일파로 인정되기 바로 전 해다.

군 관련 대표석 인권난제인 '군인권센터'는 7월 12일 "'일제강점하 친일반민족행위 진상규명에 관한 특별법'에 따라 친일반민족행위자로 규정된 고 백선엽 씨에게 믿기 힘든 국가 의전이 제공되고 있다"라는 성명을 냈다. 앞서 육군이 백선엽의 장례를 5일간 육군장으로 진행하겠다고 발표했다. 11일 오후에는 정경두 국방부 장관이 근조 표시를 달고 백선엽의 장례식장을 직접 방문했다.

이에 군인권센터는 "한국 독립을 꿈꾸는 세력을 절멸시키는 것이 평화로운 세상을 만드는 길이라는 신념을 가졌던 이 조선인 일본군은 광복 이후 대한민국 육군참모총장을 지내고 전쟁영웅으로 추앙받았다"
면서 "숱한 세월이 지나도록 친일 행적에 대해 사죄한 적은 단 한 번도
없다"라고 비판했다. 그러면서 센터는 "현대사의 질곡 속에 친일반민족
행위자를 단죄하지 못한 탓에 사죄는커녕 부와 권력, 명예와 일신의 영
화를 누리며 떵떵거리고 살 수 있었다"라고 덧붙였다.

국방의 의무를 이행하는 청년들에게 친일파를 우리 군의 어버이로
소개하며 허리 숙여 참배하게 한다. 과연 있을 수 있는 일인가? 일
제 침략전쟁이 평화로 가는 길이라 믿었던 백 씨가 갈 곳은 현충원
이 아니라 야스쿠니 신사다.

광복회를 비롯해 25개 독립운동가 선양단체 연합인 '항일독립선열
선양단체연합' 역시 백선엽의 국립대전현충원 안장을 취소해야 한다고
촉구했다. 이들은 "백선엽의 현충원 안장을 직접 막겠다"라고 선포했
다. 하지만 관련 법안이 부재한 상황에서 백선엽의 현충원 안장을 현실
적으로 막을 순 없었다.

어디에 잠들었나? 장군제2묘역 555번

2020년 7월 15일 예정대로 국립대전현충원 장군제2묘역에 안장됐다.
그의 묘는 555번에 위치해 있다.

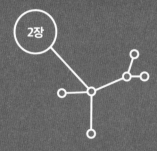

2장

국립대전현충원에 잠든
비공인 친일파

01

—

김창룡

—

김구 암살의 배후는 어떻게 현충원에 잠들었나?

민족문제연구소《친일인명사전》에 기록된 내용에 따르면 1956년 1월 30일 출근길에 김창룡金昌龍, 1920-1956이 사망하자 이승만 대통령은 적십자병원으로 찾아와 시신을 확인한 뒤 육군 중장으로 추서했다. 일본 관동군 헌병 오장(분대장) 출신이 최종적으로는 대한민국 육군 중장으로 생을 마감한 것이다. 도대체 김창룡이 누구기에, 이승만 대통령은 이토록 아꼈던 것일까?

사설묘지에 안장됐던 김창룡은 1998년 2월 특무부대의 후신인 국군기무사령부의 노력으로 국립대전현충원에 이장됐다. 새로이 조성된 그의 묘비에는 "육군본부 정보국 방첩과장에 취임하여 누차 숙군을 단행해 군의 육성 발전에 이바지했다"면서 "그는 죽었으나 그 흘린 피는 전투에 흘린 그 이상의 고귀한 피였고 그 혼은 기리(길이) 호국의 신이 될 것"이라고 새겨졌다.

── 소년, 관동군 헌병 오장이 되다

1920년 7월 18일 함경남도 영흥에서 태어난 김창룡은 사립 덕성보통학교와 영흥공립농잠실습학교를 졸업한 후 일본인이 경영하는 공장에서 직공으로 일했다. 이후 만주국 신징(현재 창춘)의 만주철도주식회사로 옮겨 근무했다. 그러나 그런대로 안정적인 직장을 버릴 만큼 김창룡에게 매력을 끌었던 것이 하나 있었으니, 바로 총검을 찬 군인이었다.

김창룡은 1941년 4월 25세에 신징에 있는 일본 관동군 헌병교습소에 입소해 교육을 받은 후 헌병 보조원으로 근무하며 조선과 중국의 항일 조직을 성탐하는 임무를 담당했다. 그해 10월 일본 이마카스 사단 헌병대에 배속돼, 소련과 만주 국경 부근에 파견돼 항일무장세력에 대한 첩보 활동을 진행했다.

1943년 싱안베이성(현재의 간도 지역)을 중심으로 지하공작을 펼치던 중국 공산당의 거물 왕진리(王近禮)를 검거하는 데 결정적 공을 세운다. 일본 관동군 헌병대는 왕진리를 이용한 역공작으로 소만蘇滿 국경지대에서 활동하던 항일무장세력을 색출하고 50여 명을 체포한다. 이 공로로 김창룡은 헌병 오장으로 특진한다.

오장伍長은 지금으로 치면 다섯 명의 부하를 이끄는 분대장 정도의 부사관으로 볼 수 있다. 그러나 김창룡이 맡은 헌병 오장을 단순한 하급간부 정도로 취급해선 안 된다. 당시 일제 헌병대는 무소불위의 권력을 휘두르던 기관이었다.

일제 헌병대는 일본 국내의 정치 사찰에도 관여했고, 공산주의자, 사회주의자 등 사상범의 체포도 담당했다. 정권에 해가 되는 여러 인사의 발언을 조사하기도 했다. 그 과정에서 민간인 사찰도 광범위하게 일어났다. 사상이 의심되는 자에 대한 고문 행위도 서슴지 않았다. 헌병들이 민간인을 대하는 태도는 당연히 고압적이었다. 전시에 헌병들은 여행증 발급, 징용 관리, 적에 대한 선무 활동과 심리전, 방첩 및 보안 활동, 포로 및 수용소 관리 등을 책임지기도 했다. 일본군 위안부의 강제 연행에 헌병이 관여했고, 위안소 운영에도 주도적인 역할을 했다.

그러나 김창룡은 '소위 이상의 군 간부가 아니다'라는 이유로 2009년 반민족행위진상규명위원회 심사에서 배제됐다.

오장으로 특진한 김창룡은 일제가 패망할 때까지 만주지역 공장 지대를 중심으로 암약하며 50여 건이 넘는 항일 조직을 적발했다. 이러한 행적이 훗날 이승만 정권의 방첩대 대장으로 활약하는 계기가 됐다.

일제 패망 후 김창룡은 고향에 돌아왔지만 소련 군정에 의해 거듭 전범으로 체포돼 사형당할 위기에 처하자 탈출해 월남했다. 남한 땅에 내려온 김창룡은 만주군 출신 박기병의 추천으로 국방경비대 제5연대 사병으로 입대했다. 그러나 김창룡이 원했던 곳은 장교의 길, 그는 온 힘을 다해 경비사관학교에 입학했다.

― 헌병 오장, 대한민국 장교가 되다

관동군 헌병 출신이라는 꼬리표는 김창룡을 항상 따라다녔다. 국방경비대에 입대해서도 다르지 않았다. 그를 무시하고 견제하는 세력은 있었다. 경비사관학교 지원 추천을 받지 못한 김창룡은 근무지를 이탈했다. 그러나 간도특설대 중대장 출신 김백일이 김창룡을 중용했다.

1947년 1월 김백일의 추천을 받은 김창룡은 조선경비사관학교(육사 전신) 3기로 입교한다. 3개월 뒤 단기 교육을 마친 김창룡은 마침내 육군 장교가 돼 국방경비대 제1연대 정보주임 보좌관으로 임명됐다. 그는 일제 경찰과 헌병 출신들로 정보소대를 편성하고 연대 내외의 사상 사찰을 전담했다.

이때부터 김창룡은 날개를 달고 '숙군' 사업을 주도적으로 진행했다. 일개 소위가 국방경비대 7연대장으로 활약하던 이병주를 검거했다. 이를 계기로 1948년 1월 중위로 진급했다. 그해 8월 남한 단독정부가 수립되자 대위로 진급한 김창룡은 육군본부 정보국에 배속돼 방첩대의 전신인 정보국 3과에 소속돼 숙군사업을 주도했다.

1948년 여순사건은 김창룡에게 신이 내린 선물과 다르지 않았다. 일본 관동군 헌병 시절 하던 행위를 1948년 그대로 재연했다. 군내 남로당 간부 박정희 등을 검거해 군내 좌익 세력을 색출하는 데 기여한 것

　　　　　항일과 친일의 역사 따라 현충원 한 바퀴

도 김창룡이었다. 이를 계기로 김창룡은 다시 한 번 특진하게 된다. 이로 인해 1949년 7월까지 이어진 숙군 작업에서 당시 군병력의 5%에 상당하는 4749명의 장병이 처벌됐다.

극단적인 반공의식과 성과주의에 사로잡혀 무고한 사람들까지 고문하고 조작하는 방법으로 좌익 세력을 척결했다는 비난을 받았지만, 이승만 대통령은 김창룡을 육군정보국 방첩대 대장으로 끝내 임명했다. 1949년 6월의 일이다. 일본 헌병 보조원 출신의 김창룡이 대한민국 정보부대의 최고 위치의 대장까지 오르게 된 순간이었다.

당시 김창룡의 기분은 어땠을까? 그를 바라보는 수많은 독립군 출신 애국지사들은 어떤 마음이었을까?

─ 김창룡, 김구 암살의 배후가 되다

정보부대의 최정점에 선 김창룡의 다음 목표는 이승만 대통령의 정적이었던 대한민국 임시정부 주석 출신 김구였다.

1949년 6월 26일 오전 백범 김구 주석을 암살한 육군 소위 안두희는 1992년 4월 범행 43년 만에 "김구 선생의 암살 배후에는 당시 특무대장이었던 김창룡 씨가 관련돼 있다"라고 폭로했다.

이 같은 사실은 당시 안두희를 지속적으로 추적해온 민족정기구현회 권중희 회장 등 세 명이 인천시 신흥동 안두희 집을 방문해 여덟 시간 동안 면담하는 과정에서 밝혀낸 내용이다. 권 회장은 관련 녹취를

1992년 4월 13일 공개했다. 안두희는 면담에서 밝혔다.

당시 미 CIA 중령과 특무대장 김창룡으로부터 '김구는 국론을 분열시키고 단일정부 수립을 반대하고 있어 대한민국의 암적 존재이기 때문에 제거해야 할 인물'이라는 등의 말을 듣고 공감해 암살을 결행하는 것이 애국적인 행동이라고 확신하게 됐다. 김창룡과 1947년부터 계속 만나던 중 한국독립당 와해 공작을 위해 백범에게 접근하라는 밀명을 받고 당시 서북청년단 출신으로 한독당원이었던 홍종만에게 접근해 조직부장 김학규를 만나 1949년 2월쯤 입당과 동시에 백범 선생을 만날 수 있게 됐다. 입당 이후 서너 차례 경교장에 드나들며 백범 암살 기회를 노리던 중 49년 6월 26일 우연히 경교장에 들렀을 때 김구 선생이 독서를 하고 있어 범행 적기라고 생각해 암살을 결행했다.

범행 직후 헌병대로 언행됐으나 그날 밤 곧바로 특무대로 이송되어 김창룡으로부터 '안 의사 수고했소. 불편한 것 있으시면 말하시오'라는 말을 들었다. 특무대에서 나는 아침에 커피를 마시고 술과 불고기, 냉면, 담배 등은 언제든지 먹을 수 있는 특별대우를 받았다.

2005년 민족문제연구소는 국립묘지에 안장된 김창룡의 묘 이장을 촉구하며 '백범의 암살범 안두희를 비호한 반민족 행위자'라는 유인물을 배포했다.

항일과 친일의 역사 따라 현충원 한 바퀴

이에 김창룡의 유족은 "허위사실로 고인과 유족의 명예를 훼손했다"면서 민족문제연구소를 대상으로 1억 5000만 원의 손해배상 소송을 제기했다.

2007년 재판부는 "해당 사단법인의 유인물로 김창룡 유족의 명예 및 김창룡에 대한 추모의 정 등이 침해됐다고 볼 수 있지만 김창룡이 백범 암살 직후부터 안두희에게 상당한 편의를 제공한 것이 명백하고 해당 사단법인이 단정적으로 표현하지는 않은 점 등을 참작한다"면서 유족이 낸 손해배상 소송에서 원고패소 판결을 내렸다.

한편 김구를 시해한 안두희는 종신형을 선고받았지만 복역 3개월 만에 15년 형으로 감형됐다. 한국전쟁 발발 직후인 1950년 6월 27일 석방됐다. 김구 서거 1년이 되는 시점이었다. 석방 후 다시 군으로 돌아와 소령으로 예편한 안두희는 한때 군납공장 사장까지 지내며 호의호식했다.

안두희는 1996년 10월 23일 오전 11시 30분께 인천 중구 신흥동에 있는 자신의 집에서 경기도 부천 소신여객 소속 버스 운전기사였던 당시 46세의 박기서의 몽둥이에 맞아 79세의 나이에 피살됐다.

1953년 육군 준장으로 진급한 김창룡은 1955년 1월 육군 소장이 됐다. 그러나 이승만 대통령의 비호 아래 각종 공안사건을 처리하며 권력을 휘두르던 그는 1956년 1월 30일 출근길에 부하들의 총탄에 맞아 서울 용산 거리에서 사망했다. 당시 김창룡은 군내 부정 및 불법 매각 사건 등을 조사 중이었다.

김창룡은 1998년 2월 13일 논란 속에 국립대전현충원에 안장됐다. 김창룡이 현충원에 안장된 직후부터 최근까지 민족문제연구소 등 여러 시민단체가 김창룡 이장을 촉구하는 기자회견과 집회 등을 진행했지만 모두 허사였다. '장성급 장교'라는 이유로 국립대전현충원에 안장된 김창룡을 강제로 이장시킬 수 있는 법안이 부재하기 때문이다.

현행 상훈법에는 "서훈 공적이 거짓으로 밝혀진 경우나 국가 안전

에 관한 죄를 범해 형을 받거나 적대 지역으로 도피한 경우, 형법·관세법·조세범 처벌법 등에 규정된 죄를 범하여 사형·무기 또는 3년 이상의 징역·금고형을 받은 경우에만 서훈을 취소할 수 있다"라고 명시돼 있다.

방원철
—

친일과 항일, 남과 북을 모두 '걸은' 유일한 인물

방원철(첫째 줄 오른쪽 끝에 서 있는 이)과
박정희(첫째 줄 오른쪽 네 번째 쪼그려 앉은 이)

방원철方圓哲, 1920-1999은 상대적으로 알려지지 않은 인물이다. 그러나 만주군 출신 박정희 대통령과 주변 권력은 방원철의 입을 항상 주시했다. 만주군 출신 장교로서 남과 북에서 모두 요직을 차지한 인물이었기 때문이다. 한마디로 너무 많은 비밀을 알았기 때문에 좌시할 수 없었던 것이다.

방원철은 1920년 만주 옌지에서 태어났다. 본적은 함경북도 부령이다. 만주 조선인 학교인 동진학교를 6년간 다닌 뒤 일본어를 배우기 위해 룽징 영신소학교에서 5~6학년 과정을 다시 거쳤다.

방원철은 1938년께 광명중학을 졸업했는데, 놓치지 말아야 할 점은 방원철이 광명중학을 다닐 때부터 여운형에 깊이 동화된 상태였다는 것이다. 실제로 방원철은 해방 후 다른 만주군 출신과 달리 여운형과 함께할 결심을 하고 행동한다. 중학 3학년 때 방원철은 여운형의 '백의민족의 북진과 장래'라는 강연을 직접 들었다.

그러나 10대였던 방원철의 일생에 실제 영향을 끼친 건 여운형을 비롯한 독립운동가들이 아니었다. 그의 광명중학 선배였던 정일권이었다(광명중학을 나와 만주국 장교가 된 정일권은 훗날 대한민국 최장수 국무총리가 된다).

방원철이 5학년이던 당시 정일권은 광명중학을 방문해 '군관에 응모하라'라는 강연을 듣게 된다. 1939년 4월 방원철은 만주국의 4년제 초급장교 양성기관인 육군군관학교(신징군관학교)에 입학한다. 이후 1941년 4월 예과 과정을 마치고 부대 실습을 거쳐 본과에 진학, 1942년 12월 제1기로 졸업한다. 이듬해 방원철은 만주국군 제6군관구 예하 보병 8단에서 견습 군관을 거쳐 소위로 임관하게 된다.

여운형과 정일권이 보여준 갈림길에서 만주군 장교 정일권이 보여준 길을 선택한 결과였다.

__ 후배 박정희의 따귀를 때린 방원철

1920년생 방원철과 1917년 박정희의 인연은 한마디로 질기다. 만주군관학교 시절로 거슬러 올라간다.

1940년 4월, 만주군관학교 제2기생으로 입학한 박정희는 한 기수

선배들로부터 '건방져 보인다'라는 이유로 폭행을 당한다. 1기생이었던 방원철이 주도했는데, 그는 박정희의 따귀를 때리며 군기를 잡았다. 박정희는 작은 체구에도 불구하고 방원철의 구타를 버텨냈다고 한다.

방원철은 박정희보다 세 살 적었지만 군관학교에는 1년 빨리 입교한 상태였고, 만주군에서 복무할 당시에도 이러한 계급 체계가 이어졌다. 그러나 해방 후 북한에 자리를 잡은 방원철은 결과적으로 박정희보다 크게 밀릴 수밖에 없었다.

1961년 박정희가 군사쿠데타를 일으켰을 때 방원철 역시 육군 대령으로서 가담해 국가재건최고회의 정보분과위원회 전문위원과 치안국 정보과장, 논산훈련소 참모부장 등을 역임했지만, 1963년 김종필과의 대립 과정에서 발생한 반혁명 사건에 연루돼 10년 형을 받고 수감돼 권력의 최중심부에서 완전히 밀려났다. 이후 6·25 참전동지회 회장 등을 지냈지만 1999년 사망할 때까지 다른 동기들에 비해 제대로 된 직책 하나 맡지 못했다.

처음부터 그랬던 것은 아니다. 군관학교 시절부터 인재로 평가받던 방원철은 1944년 1월 만주 지역에서 항일 투쟁의 세가 약해지자 러허성 일대를 관장하는 부대에 배속돼 만리장성 북쪽 반벽산까지 이동한다. 이곳에서 팔로군 소탕 작전에 종사했다. 이 과정에서 소대장을 맡아 1944년 중위로 진급한 뒤 중화기중대 선임 장교로 복무했다. 조선어와 중국어, 일본어에 유창했던 방원철은 팔로군의 음어를 청취해 이를 해석해냈다. 이 결과 팔로군 200여 명을 사살하는 전과를 올렸다.

1945년 7월 말 가족을 만나러 갔다가 만주군 헌병대장 문용채로부터 '곧 일본이 패망할지 모른다'라는 말을 듣고 휴가를 냈다. 그러나 휴가는 연기됐고 본부 부관이었던 후배 박정희로부터 '즉각 부대에 복귀하라'라는 연락을 받는다.

이때 같은 부대 소속의 신현준, 박정희 등과 함께 상부로부터 '중국 싱룽에 가서 소련군의 진격을 막으라'는 명령을 받은 방원철은 부대를 이끌고 진격한다. 1945년 8월 17일 싱룽에 도착한 방원철은 그제야 일제가 패망했다는 소식을 듣고 무장해제를 당한 뒤 팔로군에 흡수되었다가 이듬해 2월에 서울에 돌아왔다.

— 남과 북의 갈림길에서

만주국 장교 출신으로 서울에 돌아온 방원철은 다른 만주국 장교들처럼 미군정이 운영하는 군사영어학교에 입학했다. 여기까지만 놓고 보면 앞으로의 길이 여느 일본군 출신들과 다르지 않았다.

하지만 그는 갈림길에서 다른 선택을 한다. 여운형이 이끄는 건국동맹에 들어간 것이다. 이후 신징군관학교 출신 박임항朴林恒, 이재기李再起, 박준호朴俊鎬, 최창륜崔昌崙, 간도특설대 출신 최재환崔在桓 등과 함께 북한으로 건너간다. 북에서 김일성을 만난 방원철은 월북한 만주군 출신들과 함께 공작원을 양성하는 진남포학원 교수로 부임했다. 그러나 간도특설설대 출신 최재환 등이 '간도특설대가 김일성 부대를 토벌

항일과 친일의 역사 따라 현충원 한 바퀴

했다'라고 말하는 등 발언이 문제가 돼 점차 자리를 잃게 됐다.

이후 1947년 김일성종합대학에서 인민체육 담당 교수를 맡았지만 예비검속에 걸려 수감과 강제노동에 동원됐다. 방원철은 1948년 9월 23일 이재기, 최창륜, 박준호, 박창암朴蒼岩 등 만주군 출신 군인들과 함께 서울로 돌아왔다.

1949년 12월 일본 육사 출신 이용문李龍文의 도움으로 대한민국 육군 소령으로 임관한 방원철은 한국전쟁을 거치며 육군 대령까지 무리 없이 진급했다. 그러나 여기까지였다. 1961년 육군 소장이었던 후배 박정희가 군사쿠데타를 일으켰을 때 적극적으로 동참했지만 권력 투쟁 과정에서 철저히 밀렸다.

1970년대 권력에서 완전히 배제된 방원철은, 1979년 박정희 사후 박정희의 만주군 시절 및 간도특설대의 창설과 역할, 북한 김일성과 조선인민군 창군에 대해 유의미한 증언을 많이 남겼다.

어디에 잠들었나? **장병1-207-2840**

국립대전현충원의 상징인 현충문을 바라보고 좌측에 조성된 장병제1묘역에는 만주군 출신 방원철을 비롯해 만주군 소위 출신 김안도(장병1-203-990)를 비롯해 일본군 항공병 소위 출신으로 대한민국 공군 대령으로 예편한 한용현(장병1-201-234) 등 《친일인명사전》에 등재된 인물들 역시 함께 잠들어 있다.

03
—
황장엽
—

주체사상을 만든 황장엽이 현충원에 잠든 이유

2019년 8월이었다. 국회에서 '조선의열단과 약산 김원봉'을 주제로 학술대회가 열렸다. 이 자리에서 독립기념관 관장을 지낸 언론인 출신 원로학자 김삼웅 신흥무관학교기념사업회 공동대표는 러시아 혁명시인 블라디미르 마야콥스키Vladimir Mayakovsky, 1893-1930의 시구를 읊조리다 눈물을 보였다.

나는 원한다.
조국이 날 이해하게 되길
조국이 원치 않는다면

항일과 친일의 역사 따라 현충원 한 바퀴

그땐…

그냥 조국을 지나가는 수밖에

비스듬히 내리는 비처럼!

왜 그랬을까? 이날 발표자로 참석했던 그는 '약산 김원봉 서훈, 무엇이 문제인가'라는 발언을 이어갔다.

일부 정치인과 언론이 약산 김원봉을 6·25의 원흉이자 6·25 남침의 핵심 역할 등으로 몰아치는데, 사실과 거리가 멀다. 김약산은 당시 북한에서 당이나 군, 정부의 실권에서 밀려나 명목상 한직인 국가검열상이었다.

특히 "김원봉이 한국전쟁 당시 공로를 인정받아 두 번의 훈장을 받았다"는 일부의 주장에 대해 김 전 관장은 단호한 목소리로 "김약산이 '전쟁 시 국군을 많이 죽여 훈장을 받았다'라는 주장은 엉터리다"라면서 "1952년 3월 공훈을 받은 것은 사실이지만, '1급 최고훈장'이 아니라 1951년 북조선 군사위원회 평북도 전권대표 재직 시 평북 지역의 보리 파종 실적이 우수하다고, 인민회의 상임위원장 김두봉이 준 '노력훈장'"이라고 설명했다.

그러면서 김삼웅 전 관장은 "북한 통치 이데올로기 주체사상의 최고 이론가로서 주체사상을 해외에 전파한 외교가이고, 북한노동당 중

앙위원, 최고인민회의의장, 주체사상연구소장, 노동당비서, 노동당국
제담당 비서, 최고인민회의 외교위원회 위원장 등을 역임한 황장엽이
1997년 대한민국으로 망명한 후 국가정보원 통일정책연구소 이사장,
국가안보정책연구소 상임고문, 전주대학 석좌교수 등을 지낸 뒤 이명
박 정부 때인 2010년 사망하자 1등급 훈장인 무궁화장을 추서했다"라
고 강조했다.

황장엽이 죽자 김영삼 전 대통령이 장례위원장을 맡았고, 유해를 대
전현충원에 안장했다. 독립운동은커녕 그 근처에도 얼씬거리지 않
았던, 주체사상가 황장엽에 대해서 최상의 예우를 했다.

이 지점에서 김 전 관장은 "독립전쟁의 영웅 김원봉은 용납할 수 없
는 공산주의자이고, 주체사상가 황장엽은 무궁화장을 받은 애국자로
추앙하는"이라는 말을 하며 눈시울을 붉혔다.

— **주체사상 만든 황장엽, 왜 대한민국에 망명했나?**

황장엽黃長燁, 1923-2010은 '주체사상의 아버지'라 불렸던 인물이다.
1923년 2월 17일, 평양 강동군에서 태어났다. 1942년 열아홉 나이에
일본으로 유학을 떠나 도쿄 주오대학에서 공부했다. 그러나 일제가 패
망하면서 졸업하지 못하고 고향인 평양으로 돌아왔다.

항일과 친일의 역사 따라 현충원 한 바퀴

1946년 24세 때 김일성종합대학에 입학한 황장엽은 1950년 졸업 후 모스크바대학교에서 철학 석·박사학위를 취득한다. 1955년 귀국 후 김일성종합대학의 교수가 되고 1965년 김일성종합대학 총장까지 오른 황장엽은 이때부터 김일성 유일사상체계 확립에 관여했으며, 김정일을 후원해 주체사상 개인 강사를 맡기도 했다고 알려졌다.

황장엽이 창안했다고 알려진 주체사상은 조선민주주의인민공화국과 조선노동당의 공식 이념으로 '김일성주의'라고도 불린다. 주체사상은 혁명이론적으로 '제국주의, 봉건주의 등에 맞서 혁명을 하기 위한 이론'으로 '수령을 중심으로 한 유일 영도 체계를 구성하는 방법론'이다.

주체사상은 김두봉金枓奉, 박헌영朴憲永, 김원봉 등 내부 반대 세력을 숙청할 때마다 '주체가 없는 인사'라는 등의 명분으로 사용되었다.

주체사상을 확립한 황장엽은 1972년 대한민국의 국회의장과 다르지 않은 조선 최고인민회의 의장을 시작으로, 1980년 조선노동당 총비서장, 1984년 조국평화통일위원회 부위원장 등을 역임했다. 1987년에는 조선노동당 국제담당 비서장에 올라 김일성-김정일 부자 다음으로 가장 강력한 실권자로 자리매김한다.

그러나 권력의 정점에 올랐던 황장엽도 최고 권력자의 눈밖에서 벗어나면서 위기가 찾아왔다. 1990년대 소련의 붕괴와 맞물려 자신이 담당하던 당 국제사업이 연이어 실패하자 설 자리를 잃었다.

1997년 황장엽과 함께 대한민국으로 망명한 김덕홍은 자신의 회고록《나는 자유주의자이다》에서 "1996년 2월 모스크바에서 개최된 '주체사상 국제토론회'에서 연설에 나선 황장엽 씨가 '주체사상은 김일성·김정일이 아니라 내가 만든 것'이라고 말했고, 이를 뒤늦게 보고받은 김정일이 격분했다"라고 밝혔다.

이후 황장엽이 "김정일이 나를 그냥 놔둘 것 같지 않다. 욕보기 전에 자살할 수 있게 독약을 구해달라" 부탁했지만 자신이 황장엽을 설득해 함께 망명했다고 기술했다.

당시 황장엽의 망명은 1997년 터진 IMF사태만큼 충격적인 사건 중 하나였다. 물론 황장엽은 "조국(북한)의 체제에 의분을 느껴 그 변혁을 도모하기 때문"이라는 망명 이유를 댔다.

대한민국에 망명한 황장엽은 2010년 10월 10일 사망 때까지 13년 동안 대한민국에서 각종 강연 등을 다니며 '김정일 정권 타도'를 주장했다.

― 황상엽, 어떻게 현충원에 묻혔나?

문제는 황장엽이 사망하고 사흘 뒤에 발생했다. 2010년 10월 13일, 국가보훈처는 황장엽을 국립묘지에 안장하기로 의결한다. "북한 민주화 인권위원장 등으로 활동하면서 북한의 실상을 알리는 한편 북한 인권 개선, 개혁 개방, 민족통일 등에 기여해온 공로가 인정된다"라는 것이 이유였다.

북한 정권의 정신적 기틀인 주체사상을 만든 인물인 황장엽이 현충원에 잠든다는 사실은 그가 안장되는 순간까지도 논란으로 이어졌다.

　　　　　　　　　　　　　항일과 친일의 역사 따라 현충원 한 바퀴

현행법상 황장엽은 국립묘지 안장 대상이 아니었다. 하지만 이명박 정부가 훈장 추서 등을 추진하면서 대상에 포함됐다. 황장엽 사후 이틀 뒤인 2010년 10월 12일 이명박 대통령은 황장엽에게 1등급 훈장인 국민훈장 무궁화장을 추서했다.

황장엽의 묘비에는 "끝없이 발전하는 인류의 영원한 미래를 염원하며 북한의 민주화와 조국통일에 헌신한 위대한 애국자 이곳에 잠들다"라고 새겨졌다.

어디에 잠들었나? 국가사회공헌자묘역 최상단 바로 아래

그의 묘 하단에는 수십 명의 애국지사와 국가유공자가 잠들어 있다. 국가사회공헌자묘역 건너편에는 독립유공자제1묘역이 자리해 있다.

3장

친일파 아래 잠든
국립대전현충원의 지사들

곽낙원과 김인

—

독립운동가 '김구'를 만든 사람들

안미생과 김구
ⓒ 백범기념사업회

국립대전현충원 독립유공자제2묘역 771번 무덤과 772번 무덤, 백범 김구 주석의 어머니 곽낙원郭樂園, 1859-1939 지사와 김구의 장남 김인金仁, 1917-1945 지사가 잠든 묘다. 할머니와 손주가 나란히 잠들었는데, 국가공인 친일파 4인이 잠든 장군제1묘역과 걸어서 10분 거리다.

현충원에 잠든 곽낙원 지사는 이 상황을 어떻게 받아들일까? 곽낙원 지사는 백범 김구를 낳은 인물이다.

1926년 백범이 50세 생일을 맞이했을 때 김구의 제자이자 임시정부 경무국 부하였던 나석주가 고기와 찬거리를 사왔다. 돈이 없어 자신의 옷을 전당포에 맡기고 김구를 위해 음식을 준비했던 것인데, 이를 본

곽낙원 지사가 "독립운동하는 사람들이 무슨 생일을 챙기냐"면서 김구에게 회초리를 들었다. 동지들에게 경솔하게 생일을 알렸다는 것이 이유였다.

이런 곽 지사 역시 1932년 윤봉길 의사 의거 후 대한민국 임시정부가 대장정을 밟아나갈 때 중국 난징에서 생일을 맞이했다. 그런데 임정의 살림살이를 책임졌던 부인들을 중심으로 돈을 모아 자신의 생일을 준비한다는 소식을 듣게 된다.

곽낙원 지사는 김구의 오른팔이었던 엄항섭嚴恒燮, 1898-1962을 찾아가 "돈을 모았으면 내가 알아서 먹고 싶은 것을 사먹을 테니 돈을 달라"고 말한다. 자신의 생일날 곽낙원 지사는 임정 지사들에게 보자기 하나를 건넸다. 그 안에는 단총 두 자루가 들어 있었다.

이 총으로 왜놈들 한 놈이라도 더 죽여라.

하지만 임시정부의 대장정은 팔순의 곽 지사에겐 너무나도 벅찬 일이었다. 아들 백범을 키워내고 며느리 최준례가 죽자 손자인 김인, 김신金信을 키워내 독립운동가로 길러냈지만 대장정의 고단함을 노구의 몸으로 버텨낼 수 없었다. 1939년 평생 소원이던 조국 광복을 보지 못한 채 중국 충칭에서 인후염과 폐병 등 합병증으로 순국한다. 4월 26일의 일이다.

— 김구의 장남이자 곽낙원의 손주였던 독립운동가 김인 떠나다

1945년 3월 29일, 곽낙원 지사가 떠난 지 6년도 지나지 않아 할머니의 사랑을 받고 자란 김구의 장남 김인이 할머니를 따라 떠났다. 당시 김인의 나이 스물여덟에 불과했다. 충칭의 오염된 공기가 주된 원인이었다. 폐렴을 앓다 약을 제때 쓰지 못해 병사한 것이다.

당시 김인의 부인이었던 안미생安美生과 시아버지 김구 사이에 일화가 전해진다.

남편 김인이 폐병으로 쓰러지자 안미생은 시아버지 김구를 찾아가 당시 폐병에 특효약으로 알려진 페니실린을 맞게 해달라고 간청했다. 그러나 김구는 "폐병으로 죽어가는 다른 동지들도 그렇게 해주지 못하는데 아들이라고 특별히 대우할 수 없다"며 이를 거절한다.

김인, 김구, 김신(왼쪽부터)

김구의 둘째 아들 김신이 당시의 상황을 회고록에 남겼다.

형님의 병세는 나아질 기미가 보이지 않았다. 마지막으로 기대를 걸어볼 것은 페니실린밖에 없었다. 그러나 일본군의 봉쇄로 물

김인, 김구, 김신, 곽낙원(왼쪽부터 시계 방향)

자 수송이 어려워 페니실린을 구하기 힘들었고, 가격도 매우 비쌌다. 형수는 아버지에게 페니실린을 구해달라고 부탁했지만, 아버지는 정색하며 말씀하셨다. '여기 와 있는 동지들 중에 그 병을 앓다 죽은 사람이 많은데, 어떻게 내 아들만 살릴 수 있단 말이냐' 형수는 아버지의 매정한 대답에 마음속으로 원망했을 것이다.

김구 역시 이와 관련된 내용을 《백범일지》에 적었다. 폐병으로 사망한 우리 동포 70~80명 속에 어머니 곽낙원 지사와 장남 김인이 있었던 거다.

중경(충칭)의 기후는 9월 초부터 이듬해 4월까지는 구름과 안개 때문에 햇빛을 보기 힘들며, 저기압의 분지라 지면에서 솟아나는 악취가 흩어지지 못해 공기는 극히 불결하며, 인가와 공장에서 분출되는 석탄연기로 인하여 눈을 뜨기조차 곤란했다. 우리 동포 300~400명이 6~7년 거주하는 동안 순전히 폐병으로 사망한 사람만 70~80명에 달했다.

김인의 부인 안미생은 안중근 의사의 조카딸이다. 해방 후 김구의 비서 역할을 맡지만 1947년 9월 돌연 미국으로 떠났다. 정확한 이유는 알려지지 않았다. 그리고 1949년 경교장에서 백범이 서거했을 때도 미국에 거주하던 안미생은 돌아오지 않았다. 온 집안이 독립운동을 했고,

남편과 시아버지도 독립운동을 했지만 정작 해방된 조국에서 안미생이 설 자리는 없었다. 어쩌면 김인이 충칭에서 요절한 그때부터 비극은 시작됐을지도 모른다.

김인은 어머니 최준례가 병사한 후 할머니 곽낙원 밑에서 자랐다. 어려운 상황이었지만 한 치의 어긋남 없이 아버지 김구처럼 독립운동가의 길을 걸었다. 일제의 감시망을 피해 이룬 쉽지 않은 길이었다.

윤봉길 의사의 의거 후 김인은 중국 중앙군관학교에서 수학했다. 일제의 감시로 졸업하진 못했지만 이후 김인은 백범이 이동녕李東寧, 1869-1940, 이시영李始榮, 1869-1953 등과 함께 항저우에서 한국국민당을 조직할 때 실무진으로 참여하게 된다. 1935년 11월 당시 김인의 나이 열여덟에 불과했다. 김인은 이듬해인 1936년부터 한국독립군 특무대 예비훈련소의 감독관으로 나가 군사훈련에 전념하였다.

이후 김인은 백범의 지시에 따라 일본의 중요 관공서를 폭파하거나 일본의 고위 관리를 총살하는 계획을 지휘 감독했다. 1939년 10월에는 광시성 류저우에서 한국광복진선 청년공작대에 입대해 첩보 활동에 참가했다. 지금으로 치면 국군기무사령부에 몸담은 것과 다르지 않다.

22세이던 1939년, 김인은 충칭에서 당시 임시의정원 의장이었던 김붕준金朋濬의 큰딸 김효숙을 만나 '우리는 반역자'로 시작되는 즉흥 시구를 적는다.

누이!

우리는 반역자叛逆者!

현실과 타협을 거절하는 무리외다.

우리는 혁명자革命者!

정의를 우리의 목숨보다 더 사랑하는 사람이외다.

그리고 우리는 선구자先驅者!

선구자인 까닭에 어느 때 어느 곳에서든지

죽음이 기다리고 있는 것을 압니다.

전란은 이어졌지만 김인은 자신보다 세 살 연상이던 안중근 의사의 조카딸 안미생을 만나 결혼한다. 베이징에서 태어나 상하이에서 자랐고 홍콩에서 중등학교를 나온 뒤 쿤밍 서남연합대학(칭화대·베이징대·난카이대의 전시연합학교) 영문과를 졸업한 안미생은 당시 영어와 러시아어 등 외국어에 능통해 충칭의 영국 대사관에서 근무하던 재원 중 재원이었다. 하지만 남편 김인이 해방을 다섯 달 앞둔 1945년 3월 29일 순국하고 만다. 국립대전현충원 김인 지사의 묘비에는 김인이 친필로 남긴 〈반역자〉가 새겨졌다.

같은 시기 일제 관동군 헌병대 오장으로 김인과 같은 역할인 첩보활동을 하고 해방 후 대한민국 육군 방첩대장으로 활약하다 사망한 김창룡의 묘비에는 육군특무대의 노래가 새겨졌다.

피 흘려 도로 찾은 자유와 평화

금수강산에 골고루 심어주자

나라의 방패 되어 청춘을 바친

한겨레는 한겨레 한 목숨이다.

지키자 나의 조국 슬기로운 맹호부대

정의의 선봉대다 우리 육군특무부대

한 사람은 대한민국의 독립을 위해 싸우다 외지에서 병사했고, 한 사람은 독립군을 색출하기 위해 온 힘을 다하다 해방 후 방첩대장이 돼 김구 주석을 살해한 배후 세력으로 호의호식하다 죽었다.

어디에 잠들었나? **독립유공자제2묘역 771번 무덤과 772번 무덤**

애국지사 곽낙원의 묘

애국지사 김인의 묘

02
—
정정화
—

임정의 어머니, 그녀가 해방 후 정치를 하지 않은 이유

김의한과 정정화

1900년 서울에서 태어난 정정화鄭靖和, 1900-1991는 1910년 불과 열
살 나이에 구한말 고위 관료인 동농 김가진金嘉鎭의 아들 김의한金毅漢과
결혼한다. 9년 뒤, 시아버지와 남편이 아무런 말도 없이 자신을 두고 상
하이 대한민국 임시정부로 떠나자 이듬해인 1920년 시아버지와 남편
을 좇아 상하이로 망명했다. 정정화 지사는 "시아버님을 뵙자 내가 상
하이에 오지 않았더라면 어쨌을까 싶을 정도로 시아버님은 어린아이처
럼 기쁨을 감출 줄 모르셨다"면서 자신의 책《장강일기》에 이를 상세히
기록했다.

"네가 어떻게 여길 왔느냐? 여기가 어딘 줄이나 알고 온 게야?"

"저라도 아버님 뒷바라지를 해드려야 할 것 같아 허락도 없이 찾아 뵈었습니다."

"그래, 잘 왔다. 고생했다. 참 잘 왔다. 용기 있다."

임시정부에 합류한 정정화 지사는 시아버지 김가진과 남편 김의한을 보필하며 생활을 이어갔다. 단순히 '조력자' 역할에만 그치지 않았다. 자신이 직접 독립운동 자금 모집책으로 활동했다.

정부 공훈록에도 "정정화는 1930년까지 임시정부의 재정 지원을 위하여 6회에 걸쳐서 국내를 왕복하면서 거액의 독립운동 자금을 모집하여 임시정부에 전달하였다"라고 강조되어 있다.

임시정부의 독립운동사를 돌아보면 정정화 지사는 결코 전면에 나서진 않았지만 그 존재감이 언제나 드러났다. 특히 임시정부의 안살림을 맡으며 주요 현장마다 자신의 손으로 역사를 기록했다. 1932년 4월 29일 윤봉길 의사의 의거 소식을 기다리는 장면은 《장강일기》의 백미 중 백미다. 《백범일지》와는 다른 시선으로 당시의 의거를 기록했다. 정정화 지사는 보는 이마다 모두 '미인'이라고 하지만, 정작 '미인'으로만 평가돼서는 안 되는 인물이기도 하다.

윤봉길 의거 후 정정화와 이동녕, 김구 가족, 엄항섭 가족 등은 일제의 감시망을 피해 추푸청(褚輔成)의 도움을 받아 자싱 시내에 있는 피난처로 이주해 함께 산다. 그곳이 당시 모습 그대로 지금도 유지되어 있다.

정정화(앞줄 왼쪽에서 두 번째)와 김구(뒷줄 오른쪽에서 세 번째)

윤봉길 의거 후 임정과 함께 대장정에 오른 정정화는 1940년 '한국혁명여성동맹'을 조직해 간부를 맡았다. 충칭에선 3·1유치원 교사로도 근무하면서 1943년 대한애국부인회 훈련부장 역할도 맡았다.

__ 해방 후 옥에 갇힌 정정화

어렵사리 광복이 찾아왔지만 정정화 지사의 기록은 계속됐다. 당장 고국으로 돌아가는 길이 얼마나 험난했는지를 그대로 보여준다. 1946년 개인 자격으로 어렵게 귀국했지만 시작부터 눈살이 찌푸려지는 장면이 이어졌다.

기차가 설 적마다 화물칸으로 기어 올라와 설쳐대는 경찰관들이었다. 아무에게나 반말 짓거리로 대하고 위세를 부리는 꼴이 꼭 왜징 때의 경찰을 그대로 뽑아다 박아놓은 것만 같았다.

해방된 조국의 현실은 정정화 지사의 기대와는 너무도 달랐다. 30여 년을 동고동락했던 대한민국 임시정부 주석 김구가 1949년 암살당했다. 한국전쟁이 발발하자 40년간 독립운동 동지이기도 했던 남편 김의한이 어느 날 갑자기 납북되었다. 남한에 남은 정정화는 부역죄로 끌려가 투옥되는 사태까지 발생했다.

평생 독립운동을 했건만 조국의 현실은 일제강점기와 크게 다르지 않았다. 정정화 여사는 1991년 사망할 때까지 전면에 나서지 않고 조용히 삶을 이어가다 떠났다.

6·25라는 거목은 이 땅의 사람들에게 너무나 많은 회한의 잔뿌리를 내려박았다. 그리고 이 나라의 땅덩어리뿐만 아니라 사람과 정신마저도 두 동강 내버렸다. 그런 6·25는 내게 처참하거나 극악한 모습을 보이지는 않았으나 슬그머니 성엄(남편 김의한)을 빼앗아 갔고, 맹랑하게 나를 한 달 동안 감옥에 집어넣었다. 그리고 나를 주저앉게 만들었다. 겁 없이 국경을 넘나들던 예전의 내가 아니었다. 한 달간의 그 차가웠던 마룻바닥이 내 가슴마저도 식게 만들었다.

어디에 잠들었나? **독립유공자제1묘역 313번 무덤**

정정화 지사는 1991년 11월 2일 91세의 나이로 영면했다. 그의 묘 건
너편에는 앞서 언급한 주체사상의 창시자 황장엽 등이 국가사회공헌자
묘역에 잠들었다. 그 너머에는 친일파 십수 명이 잠든 장군제1묘역이
있다.

조문기
—

우리가 놓쳤던 '마지막 레지스탕스'의 비극

조문기(가운데)

언젠가 애국지사 차리석 선생의 후손 차영조 선생님에게 책 한 권을 선물 받은 적 있다. 속지 첫 장에 "차리석 동지, 오래 変(변)치 맙시다"라고 적힌 귀한 책, 조문기趙文紀, 1926-2008 지사의 회고록《슬픈 조국의 노래》였다.

우리가 목숨을 걸고 찾으려 했던 건 분단된 조국이나 친일파 천국이 아닙니다. 친일파가 청산된 조국을 찾으려 한 건데, 이건 독립운동해서 나라 찾아 친일파한테 진상한 꼴이 된 겁니다. 거기다 나라도 분단되고, 그렇기에 남북통일과 친일파 청산이 이뤄져야 진정한 해방이고 독립이라 할 수 있습니다. 그래서 독립을 위해 나는 죽을 때까지 싸우겠다는 겁니다. 내가 광복절 행사 같은 데 안 가잖아요. 뭘 기념한다는 겁니까?

── 일제강점기 마지막 의열 투쟁 주인공

조문기 지사는 1926년 5월 19일 경기도 화성시 매송면에서 태어났다. 당시에는 경기도 수원군 매송면이었다. 열여덟 살인 1942년 일본으로 건너가 일본강관주식회사에서 조선인 노무자들이 일으킨 대규모 파업을 주도했다. 이를 이유로 일제는 조문기를 지명수배했다.

피신 생활을 이어가던 조문기는 1945년 1월 서상한徐相漢의 도움을 받아 유만수柳萬秀와 함께 귀국한다. 1945년 5월 유만수와 함께 경기도 안성에서 '대한애국청년당'을 결성해 함께 활동했다. 일본에 있을 당시부터 유만수와 함께 논의한 계획을 실천하기 위함이었는데, 이를 조문기는 자신의 회고록에 정리했다.

한참 동안 먼바다를 바라보던 유만수가 무겁게 입을 열었다.
"우선 조선으로 돌아가자. 가서 큼직한 일을 몇 가지 벌이고 중국으로 가자."
"큼직한 일이라면?"
"조선에 가서 민족을 배반한 친일 거두와 침략 원흉을 처단해 우리

민족의 긍지를 되찾는 거지."

"친일 거두라면 누구?"

"박춘금 같은 자들."

우리는 바닷가에 오랫동안 앉아서 구체적인 계획을 짰다. 1단계 동
지 규합, 2단계 비밀단체 구성, 3단계 친일 거두와 침략 원흉 처단,
4단계 중국행.

대한애국청년당 결성 후 두 달 뒤, 조문기는 유만수, 강윤국姜潤國
과 함께 친일파 박춘금朴春琴이 주도해 경성 부민관에서 열린 아세아
민족분격대회亞細亞民族憤激大會라는 어용 행사를 겨냥해 폭발물을 터뜨
렸다. 일제가 패망하기 약 3주 전인 1945년 7월 24일의 일이다.

조문기가 겨냥한 박춘금은 우리 정부가 정한 국가공인 친일파다.
《친일인명사전》에도 이름을 올린 인사로 일제강점기의 정치인으로 활
동한 인물이다.

박춘금은 1908년 일본으로 건너가 육체노동을 하며 먹고살았다.
이후 폭력조직의 조직원으로 성장했다. 그 과정에서 조선인 노동자와
농민을 크게 탄압했는데, 자신의 이득을 위해서라면 수단과 방법을 가
리지 않았다.

일제의 눈에 띈 박금춘은 1932년 도쿄 제4구에 입후보하여 일본 중
의원 의원에 당선되었다. 1940년 4월과 1942년 총선거에서 다시 당선
되어 일본 제국의회의 중의원을 역임했다. 일본 제국의회 중의원 의원

을 지낸 조선인은 박춘금 단 한 명뿐이었다. 일본에 머물 당시 조문기와 유만수가 친일파 박춘금을 겨냥한 이유이기도 하다.

박춘금은 일본에만 머물지 않고 조선을 드나들며 광산 등 이권 사업에 손을 대기도 했다. 1930년대 중일전쟁이 발발하자 "동양 평화를 위하여" 등을 연재하며 황민화 시국 강연을 했다. 태평양전쟁 말기에는 필승 체제 확립과 내선일체의 촉진을 목표로 '대화동맹'을 조직, 이사에 취임해 친일 강연을 주도적으로 벌였다.

1945년 6월 일제의 패망이 보이던 시점 박춘금은 '대의당'이라는 걸 만들어 항일·반전사상을 격파하기 위한 폭력 행사를 이어갔다. 이런 박춘금의 대의당이 주최한 행사에 강윤국, 유만수, 조문기 세 청년이 참석해 폭탄을 터뜨린 것이다.

─ 해방 후 투옥된 조문기

일제강점기 마지막 의열 투쟁을 벌였지만 해방 후 조문기의 삶은 결코 안락하지 않았다. 광복 후 단독정부 수립을 반대하는 입장을 취한 조문기는 '인민청년군사건'에 연루돼 복역했다. 조문기는 당시 끌려갔던 상황을 회고록에 정리했다.

취조실에서 형사를 기다리며 마음을 다잡았다. 잠시 후 들어선 자는 놀랍게도 악명 높은 친일 경찰 김종원金宗元이었다. 김종원은 이상만의 양자가 돼 당시 경찰 내에서 최고 권력을 휘두르고 있는 자였다. 스스로 백두산 호랑이라 칭했지만 잔인한 짓은 도맡아 했다. 후일 거창양민학살을 저지른 인물이다.

친일 경찰 출신 김종원은 조문기에게 "북괴의 사주를 받았지?"라고 말하며 곡괭이 자루로 머리를 내려쳤다. 조문기는 혼절했지만 "공산당이 뭔지도 모른다"라는 말을 하며 버텼다. 실제로 그는 공산당과 남로당이 무엇인지도 모르는 상황이었다.

당시 친일 경찰 출신에게 매를 맞으며 조문기는 "해방된 조국에서 일제 앞잡이에게 고문당하는 현실이 분통이 터졌다"라고만 밝혔다. 결국 조문기는 "공산주의자가 아니다"라는 판결을 받고 1년 6개월의 징역을 살고 나왔다.

시련은 그치지 않았다. 극단 생활을 하며 안정을 찾아갔지만 1959년에 이승만 암살 음모 사건에 연루됐다. 다시 한 번 말 못 할 고문을 당하고 고초를 겪었다. 하지만 강서룡이라는 검사의 활약으로 날조 사건이라는 것이 밝혀졌다. 조문기는 그제야 풀려났다. 그러나 이때 당한 고문으로 조문기는 평생 허리를 다 펴지도 못하는 심각한 후유증을 겪었다.

이후 조문기는 친일 청산을 향한 외길 인생을 걸었다. 무엇보다 독재정권에 항거해 생활고 속에서도 독립유공자로 이름 올리기를 거부했다. 하지만 부인까지 몸져눕자 보다 못한 사위가 몰래 독립유공자로 등

항일과 친일의 역사 따라 현충원 한 바퀴

록해 선생은 1982년 '건국포장'을 받았다.

이때부터 "조국과 민족을 위해서 내가 할 수 있는 일을 찾아 최선을 다하겠다"고 다짐하고 조문기 지사는 1983년부터 '광복회 독립정신 홍보위원회' 홍보위원이 되어 전국 순회강연을 다녔다. 1985년부터 8년간 광복회 경기도 지부장을 역임했다. 1991년 민족문제연구소가 출범하자 "친일청산은 바로 오늘의 독립운동이다"라는 신념으로 투신, 1999년 민족문제연구소 2대 이사장에 취임하여 친일청산을 위해 온 힘을 쏟았다.

조문기는 《친일인명사전》을 편찬하던 중인 2008년 2월 향년 81세의 나이로 별세했다. 그의 유지를 받들어 민족문제연구소는 이듬해인 2009년 11월 《친일인명사전》을 세상에 공개했다.

어디에 잠들었나? **독립유공자제3묘역 705번 무덤**

3부

국립4·19민주묘지와
효창공원

● 신익희
대한민국 임시정부 법무총장
수유리묘역 끝자락
(이준 열사 묘소 바로 아래쪽)

● 이준
헤이그 특사
수유리묘역 끝자락

● 김창숙
조선의 마지막 선비
수유리묘역 북한산 기슭

● 여운형
좌우 합작의 통일된 나라를 꿈꾼 혁명가
서울시 강북구 우이동

● 이시영
대한민국 임시정부의 단단한 뿌리
수유리묘역 무후광복군합동묘소 위

1장

국립4·19민주묘지

한눈에 보는
국립4·19민주묘지

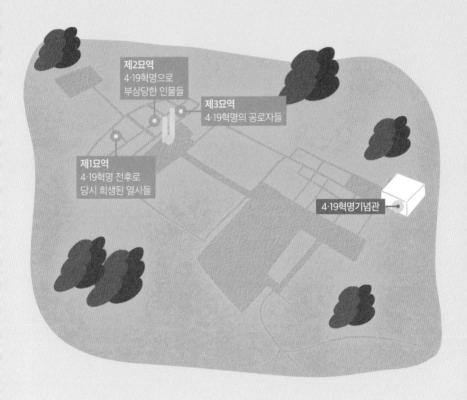

제2묘역
4·19혁명으로
부상당한 인물들

제3묘역
4·19혁명의 공로자들

제1묘역
4·19혁명 전후로
당시 희생된 열사들

4·19혁명기념관

추천 답사

- 솔밭공원역 → ● 몽양 여운형 묘소 → ● 이동 (도보 이용 시 20분) →

- 국립4·19민주묘지(민주의뿌리, 기념관, 김경승 제작 '사월학생혁명기념탑' 등)

국립4·19민주묘지 홈페이지에는 "4·19혁명은 민주적 시위를 통해 독재의 질곡을 물리치고 민의가 반영된 정치체제를 불러왔다는 점에서 세계적으로 유례가 드문 선진 사례"라면서 "선열들의 정신은 '4·19민주이념을 계승하고'라는 헌법 전문의 표현대로 동시대인들과 후손들이 이어가야 할 자랑스러운 유산"이라고 되어 있다.

하지만 '4·19혁명'이 제 이름을 찾기까지는 30여 년이 넘는 시간이 걸렸다. 군사독재정권을 거치며 1960년 4월 우리나라 헌정사상 최초로 민주주의를 수호하기 위해 일어난 4·19혁명은 철저하게 퇴색됐다. 5·16군사정변으로 '혁명'은 '의거'로 이름이 변경됐고, 나중에는 '의거'라는 말조차 붙이지 못한 채 '4·19'라는 의미 모를 말로 불렸다.

김영삼 정권이 들어서고 나서야 비로소 '4·19혁명'이라는 원래의 이름을 찾게 됐다. 공원묘지로 서울시에서 관리해오던 4.19묘지도 성역화 사업을 거쳐 1995년 4월 19일 국립묘지로 승격되었다. 1997년 묘역 내에 4·19혁명기념관이 개관함에 따라 4·19혁명을 익히고 배울 공간이 마련됐다.

— 4·19혁명을 읽다

해방 정국은 한마디로 혼란의 연속이었다. 미소 군정을 거치며 한반도는 분열했고, 1948년 남과 북은 각각 단독정부를 세웠다. 1950년 한국전쟁을 거치며 한반도는 완전히 폐허가 됐다. 국가를 재건하는 데

항일과 친일의 역사 따라 현충원 한 바퀴

총력을 기울여야 할 이승만 정권은 오히려 자신들의 기득권을 유지하기에만 골몰했다. 그 결과가 부산정치파동 사건과 반민특위 강제해산, 사사오입 개헌 등이다.

1956년 이승만 정권에 실망한 국민들은 그해 민의원 선거에서 야당인 민주당에게 압도적인 지지를 보냈다. 이에 이승만 정권은 1960년 3월 15일에 있을 정·부통령 선거를 대비해 1년 전부터 대대적인 부정선거를 계획했다.

그 과정에서 이승만 대통령은 한시름 놓게 되었는데, 1960년 1월 민주당 대통령 후보였던 조병옥이 선거운동 도중 심장마비로 사망하는 바람에 단독 후보로 결정된 것이다. 그러나 자유당은 부통령 자리에도 이승만의 최측근 이기붕을 올리고자 했다. 장면이 건재한 상황에서 자유당은 공무원을 동원해 선거운동망을 조직하고 전국경찰에 이를 감시하도록 했다.

자유당 정권은 1960년 2월 28일 대구에서 개최될 민주당 선거 유세에 학생들이 참석하지 못하도록 만들었다. 일요일임에도 학생들을 등교시켜 영화관람, 토끼사냥 등에 동원했다. 참다못한 대구지역 고교생들은 "학원의 자유 보장하라", "독재정치, 부정부패를 물리치자"는 구호를 앞세우며 대구 도심에서 시위를 벌였다. 결과적으로 대구 고등학생들의 외침이 4·19혁명의 시발점이 됐다.

1960년 3월 15일 정·부통령 선거 날, 이승만 정권은 결과를 정해놓은 상태에서 선거를 진행했다. 이승만 정권은 더 확실한 승리를 위해 유례없는 불법적인 방법으로 선거를 치렀다. 이승만 정권의 승리는 당연한 결과였다. 그러나 선거 당일 민주당 마산지부가 선거 무효를 선언했고, 이를 바탕으로 부정선거 규탄시위가 전국으로 확산했다. 이승만 대통령은 무차별적인 진압을 선언했다. 경찰은 학생과 시민에게 총칼을 들이댔다. 그러면서 "공산당의 책동으로 소요사태가 일어났다"라고 발표했다.

경찰의 총검 앞에 시위가 다소 가라앉는 듯했지만, 1960년 4월 11일 행방불명됐던 마산 용마고등학교 학생 김주열의 시신이 마산 앞바다에서 떠올랐다. 그의 얼굴에는 알루미늄제 최루탄이 박혀 있었다. 시민들은 분노했고 부정선거를 규탄하는 시위가 전국에서 들불처럼 일어났다.

1960년 4월 18일 고려대생 3000여 명이 국회의사당(지금의 서울시의회) 앞에서 연좌시위를 진행했다. 쇠갈고리와 쇠망치 등으로 무장한 50~60명의 정치깡패가 나타나 학생들을 습격했다. 그 결과 현장에서 학생 한상철이 죽고 수십 명이 다쳤다. 신입생 환영회 날이었던 이날 오후 1시께 고려대학교 전교생은 "청년학도만이 진정한 민주역사 창조의 역군이 될 수 있음을 명심하고 총궐기하자"라는 내용의 선언문을 채택하고 교문 밖으로 진출, 국회의사당에까지 이르렀다.

고대 시위를 거치며 시민들의 분노는 더욱 커졌고 4월 19일 중고등학생들까지 나서서 이승만 대통령 관저인 경무대와 이기붕의 자택으로 몰려가 '책임자 처벌'과 '3·15부정선거'를 규탄했다. 이승만 정권은 학생들의 요구에 총칼로 답했다.

훗날 '피의 화요일'이라고 불리게 된 4월 19일 시위에는 10만 명이 넘는 시민과 학생이 참여했다고 전해진다. 시민들의 연대에 저지선이 돌파당하자 경찰은 시민들을 향해 발포했다. 대통령 사저인 경무대 사격을 시작으로 서울 시내 곳곳에서 시위대를 향해 무차별 사격이 가해져 학생과 시민이 희생됐다. 이승만 정권은 오후 3시께 계엄령을 선포하며 사건 무마에 온 힘을 기울였다.

1960년 4월 25일, 대학 교수들도 나섰다. 이들은 시민과 학생의 호위를 받으며 이승만 대통령의 하야를 요구하는 시위를 전개했다. 이에 전국적인 시위가 온 나라에 들불처럼 다시 일어났다. 나이와 지위 고하를 가리지 않고 '민주주의'를 외쳤다.

4월 26일, 이승만 대통령은 더 이상의 사태수습이 불가능함을 깨달았다. 결국 1948년 단독정부를 세운 이래 12년 장기 집권을 유지한 이승만 대통령이 마침내 하야 성명을 발표했다. 경무대를 떠난 이승만 대통령은 이화장으로 거처를 옮겼다가 부통령 이기붕이 다소 의문스러운 상황에서 살해되자 미국으로 망명하였다. 이승만 대통령이 물러난 후 허정 내각수반이 과도정부를 이끌었다. 1960년 8월, 의원내각제의 장면 내각이 새롭게 출범하게 됐다. 그러나 민주주의의 열망은 채 1년을 가지 못했다. 1961년 5월 16일, 만주군 출신 박정희가 군사정변을 일으켜 정권을 탈취했다. 이후 군사독재정권은 1987년 6월 민주항쟁까지 26년 동안 이어졌다.

찾아가기

- **서울지하철 4호선 수유역** 2번 출구에서 마을버스 강북01번과 6번 서 출구에서 1119번 버스 이용

- **민주의 뿌리** 정문에 들어서기 50m 전 높이가 서로 다른 돌기둥들을 접하게 되는데, 하늘을 향해 뻗은 모습의 조형물은 독재를 뚫고 솟아 난 의연한 기상을 형상화한 '민주의 뿌리'이다.

- 아침 6시께 문을 열고 오후 6시에 문을 닫는다.

- 국립4·19민주묘지는 뒤쪽으로 북한산이 병풍처럼 둘러쳐져 있다. 시간이 넉넉하다면 민주묘지를 방문한 후 북한산 자락에 잠든 애국 지사들을 만나볼 것도 추천한다.

- 개인적으로 국립4·19민주묘지를 갈 때면 항상 북한산 지사들의 묘 역과 근현대사기념관을 함께 살핀다. 넉넉하게 반나절 이상 걸릴 것 을 처음부터 생각하고 움직이는 게 좋다.

김경승

친일파가 국립4·19민주묘역에 남긴 짙은 흔적

사월학생혁명기념탑

이승만 정권을 무너뜨린 4·19혁명 인사들의 묘지에 친일파 김경승 金景承, 1915-1992의 흔적이 남아 있다? 언뜻 생각하면 고개를 갸웃할 일이다. 이 책에서 국립4·19민주묘지를 주요하게 다룬 이유 중 하나다.

국립4·19민주묘지는 혁명 이듬해인 1961년 2월 국무회의를 통해 설립이 결의됐다. 그러나 같은 해 5·16군사정변이 일어난 뒤 묘역 설립의 주체가 불분명해졌다. 재건국민운동본부라는 단체가 주도해 이듬해 12월이 돼서야 기공식이 이뤄졌다. 당시 묘지의 부지는 3000여 평 규모에 지나지 않았다. 사월학생혁명기념탑 및 분향소 뒤쪽에 자리한 묘지, 유영봉안소 정도로 보면 된다.

1993년 김영삼 정권이 들어서 성역화 사업이 진행됐고, 1995년 4월 국가보훈처로 관리 주체가 변경되면서 4·19혁명 35주년이 돼서야 제자리를 찾게 됐다.

문제는 국립4·19민주묘지의 상징인 '사월학생혁명기념탑'이다. 민주묘지를 방문하면 참배하는 곳인데, 5·16군사정변 후 국립4·19민주묘지를 주도적으로 조성한 재건국민운동본부가 세운 탑이다.

1961년 5·16군사정변 다음 달에 발족한 재건국민운동본부는 쿠데타를 합리화하기 위해 설립된 단체다. 같은 해 6월 12일 제정된 〈재건국민운동에 관한 법률〉을 보면 조직의 특징을 살필 수 있는데, "반공 이념을 확고히 하기 위해 '용공중립사상의 배격', '근면정신의 고취', '정서관념의 순화' 등의 기치"를 내걸고 활동했다. 이런 단체가 국립4·19민주묘지를 조성하고 '사월학생혁명기념탑'도 세운 것이다.

재건국민운동본부는 국립4·19민주묘지의 상징인 '사월학생혁명기념탑'의 설계 및 조각을 친일파 김경승에게 맡겼다. 마치 서울현충원 애국지사묘역의 상징인 충열대의 머리글인 '민족의 얼'을 만주군 출신 박정희가 쓰고, 대전현충원의 현판을 독재자 전두환이 작성한 것과 다르지 않은 상황이다.

— '총독상' 받은 친일 조각가 김경승

《친일인명사전》에 등재된 김경승은 1915년 7월 18일 경기도 개성

항일과 친일의 역사 따라 현충원 한 바퀴

에서 태어났다. 개성보통학교에 입학해 그림에 재능을 보였다. 이후 1933년께 형인 김인승이 다니던 도쿄미술학교에 입학하기 위해 도쿄로 이주했다. 가와바타미술학교에서 데생 수업을 받던 김경승은 1934년 5년제 관립 미술학교인 도쿄미술학교 조각과 소조부에 입학했다.

김경승은 1942년 제21회 조선미전에 〈여명〉이란 작품을 출품해 입상한다. 젊은 노동자가 망치를 어깨에 메고 노동 현장에 가는 모습을 담은 작품으로, 1942년 6월 3일자 〈매일신보〉에 김경승의 인터뷰가 실렸다.

구라파(유럽풍)의 작품 영향과 감상 각도를 버리고 '일본인의 의기와 신념'을 표현하는 데 새 생명을 개척하는 대동아전쟁하에 조각계의 새 길을 개척하려 했다. 나는 이 같은 중대한 사명을 위하여 미력이나마 보답하겠다.

이에 대해 민족문제연구소는 "〈여명〉은 제목에서부터 동아시아 건설주의를 웅변하는 작품"이라고 평가했다. 김경승은 〈여명〉으로 그해 총독상을 받았다.

김경승은 조선미전의 마지막 대회인 1944년에 〈제4반〉이라는 작품으로 다시 한 번 일제의 기준에 딱 맞는 작품을 선보여 수상의 영광을 차지한다. 상체를 드러낸 여성 노동자가 작업 도구를 어깨에 메는 모습을 담은 〈제4반〉은 여성 근로정신대를 형상화한 작품이다. 민족문제연구소는 이 작품에 대해 "동원된 근로대가 젊은 여성들을 의미했다"면서 "조각을 통해 후방에서 총동원에 나설 것을 고무시키는 작품"이라고 평가했다.

— 해방 후 친일 전력으로 조선미술건설본부 참가 불허됐지만

해방 후 김경승에게도 위기는 찾아왔다. 그의 친일 행적 때문에 작가들의 연합체인 '조선미술건설본부'에 참여할 수 없었던 것이다. 김경승은 경성사범학교와 경성정신여학교, 풍문여자중학교 교무주임 등으로 활동하며 때를 기다렸다.

1948년 이승만 정권이 자리를 잡자 김경승은 서울시 교육위원회가 조직한 예술위원회에 선임됐고, 이듬해엔 문화위원회에도 참여했다. 1950년 풍문여고 교장을 하던 중 한국전쟁이 발발했고 이후엔 전문분야를 바꿔 빨치산 토벌 작전 상황실장을 맡아 활동하기도 했다.

한국전쟁 후 홍익대학교에서 미술대학이 만들어지자 교수로 부임해 1955년 부산시 용두산 공원에 이순신 장군 동상을 세웠다. 이후 맥아더 장군상을 인천에 세웠으며, 1959년 안중근 의사 동상과 김구 선생 동상을 제작했다. 그리고 1963년 국립4·19민주묘지에 조형물을 제작하게 된 것이다.

이후에도 김경승은 '김성수 선생상', '이승만 박사상', '김활란 박사상', '세종대왕상', '김유신 장군상' 등을 제작하며 1992년 2월 사망 때까지 대한민국 미술계의 거장으로 추앙받았다.

그러나 놓치지 말아야 할 사실이 하나 더 있으니, 김경승이 제작한 '사월학생혁명기념탑'에 새겨진 글을 3·15부정선거를 도운 이은상李殷相이 썼다는 점이다.

4·19혁명을 촉발한 3·15부정선거에서 이은상은 이승만 정권의 '정·부통령선거 중앙대책위원회'에서 선거대책위원회 지도위원 명단에 이름을 올렸다. 유세 현장에도 나가 연설원으로도 활동했다.

1960년 3월 초, 대구와 부산에서 열린 자유당의 유세 강연회에서 이은상은 당시 시국을 임진왜란에 비교하며 "성웅 이순신 같은 분이라야 민족을 구할 것이다. 그 같은 분은 오직 이승만 대통령이시다"라고 말했다.

이은상이 이순신 장군과 다르지 않다 말한 이승만 대통령은 4·19혁명으로 물러났다. 그는 1963년 친일파 김경승의 작품에 아래와 같은 글을 썼다.

1960년 4월 19일 이 나라 젊은이들의 혈관 속에 정의를 위해서는 생명을 능히 던질 수 있는 피의 전통이 용솟음치고 있음을 역사는 증언한다. 부정과 불의에 항쟁한 수만 명 학생 대열은 의기의 힘으로 역사의 수레바퀴를 바로 세웠고, 민주 제단에 피를 뿌린 185위의 젊은 혼들은 거룩한 수호신이 되었다. 해마다 4월이 오면 접동새 울음 속에 그들의 피 묻은 혼의 하소연이 들릴 것이요, 해마다 4월

국립4·19민주묘역 전경 모습. 우측에 우뚝 솟은 구조물이 사월학생혁명기념탑이다.

이 오면 봄을 선구하는 진달래처럼 민족의 꽃들은 사람들의 가슴마다에 되살아 피어나리라.

박정희가 군사쿠데타로 권력을 장악하자 이은상은 1963년 민주공화당이 창당될 때 창당 선언문의 초안을 작성한 것으로 전해지고 있다.

항일과 친일의 역사 따라 현충원 한 바퀴

국립4·19민주묘역에 잠든 4·19혁명 시민 희생자

—

국립4·19민주묘역에 잠든 영령들

4·19혁명의 희생자 중에는 청년과 성인뿐 아니라 고등학생, 중학생, 심지어 초등학생도 있었다. 이들이 이승만 정권의 독재를 막기 위해 쓰러졌다. 이들은 '사월학생혁명기념탑' 뒤편에 자리한 네 개 묘역에 대부분 잠들었다.

1묘역   4·19혁명 전후로 당시 희생된 열사

2묘역   4·19혁명으로 부상당한 인물

3묘역   4·19혁명의 공로자

4묘역   4·19혁명으로 부상당한 인물, 4·19혁명 공로자

— 4·19혁명의 불씨가 된 김주열 열사

미성년자 열사 중 대표적인 이가 4·19혁명의 불씨가 된 김주열 열사다. 3·15부정선거 시위에 참여했다 최류탄을 맞고 사망한 뒤 마산 앞바다에 떠오른 마산상고 학생이다.

어디에 잠들었나? 1묘역 71번 무덤

— 한성여중 2학년이었던 진영숙 열사

묘비에 붙어 있는 너무나 앳된 모습이 보는 이로 하여금 더욱 마음 아프게 만드는 인물이다. 당시 진영숙은 부정선거 규탄 시위에 나갈 준비를 한다. 동대문에서 옷 장사를 하는 어머니를 기다리다 만날 수 없자 베모를 남긴다.

시간이 없는 관계로 어머니 뵙지 못하고 떠납니다. 저는 부정선거 규탄을 위해 끝까지 싸우겠습니다. 지금 저와 친구, 대한민국의 모든 학생은 우리나라 민주주의를 위해 피 흘릴 각오가 되어 있습니다. 어머니 저를 책하지 말고 건강하게 계세요.

그는 1960년 4월 19일 미아리고개에서 총상을 당해 같은 날 수도

진영숙의 묘

병원에서 사망했다. 어머니 김명옥 씨에게 보낸 메모가 유언이 됐다.

어디에 잠들었나? **1묘역 185번**

── 수송초등학교 6학년생이었던 전한승 군

전한승 군은 "부모 형제들에게 총부리를 대지 말라"는 현수막을 들고 행진하다 총탄에 목숨을 잃었다. 당시 수송초등학교 4학년이던 강명희 양은 〈오빠와 언니는 왜 총에 맞았나요〉라는 추모시를 남겼다.

오빠 언니들은 책가방을 안고서 왜 총에 맞았나요

도둑질을 했나요 강도질을 했나요

무슨 나쁜 짓을 했기에 점심도 안 먹고 저녁도 안 먹고 말없이 쓰러

졌나요

자꾸만 자꾸만 눈물이 납니다

당시 전한승 군은 세종로에서 벌어지던 학생 시위를 응원하다가 경찰이 쏜 총에 머리를 맞았다. 총격 후 현장에 있던 학생들이 고려대병원의 전신 수도의대병원으로 옮겼으나 다섯 시간 만에 숨졌다. 당시 나이 13세였다. 전 군을 잃은 수송초등학교 학생들은 1960년 4월 26일 따로 대오를 꾸려 시위에 나섰다. "부모형제에게 총부리를 대지 말라"는 플래카드를 들고 걸음을 이었다. 학교는 이듬해 전 군에게 명예 졸업장을 수여했다.

어디에 잠들었나? **1묘역 195번**

근현대사기념관

—

북한산 자락에 자리한 귀한 장소

북한산 자락에 자리한 근현대사기념관, 아직은 많은 시민에게 알려진 장소는 아니다. 그러나 아직 덜 알려졌을 뿐, 단언컨대 동학농민운동부터 3·1운동, 대한민국 임시정부의 탄생, 4·19혁명에 이르기까지 대한민국이라는 나라의 근현대사를 한곳에서 만날 수 있는 유일무이한 장소가 바로 이곳이다. 무엇보다 전시관 중앙에 자리한 임시정부 요인들과 함께 사진을 찍으면 인생에 남을 사진 한 장을 남길 수 있다.

2016년 5월 근현대사기념관이 설립된 데는 고故 박원순 서울시장과 박겸수 강북구청장 두 행정가의 노력이 적지 않았다고 한다. 2010년 민선5기로 당선된 박겸수 구청장은 이듬해 고 박원순 시장이 보궐선거에서 당선되자 자신의 공약이었던 '북한산 역사문화관광벨트 조성사업'을 적극적으로 추진한다. 시장 취임 보름 만에 박 시장의 집무실을 찾아가 '근현대사공간'의 필요성을 역설했다고 전해지고 있다.

박 시장은 변호사 시절부터 일본의 성범죄 문제를 적극적으로 다뤄왔다. 1993년 미국 버클리대학교에서 이 문제를 주제로 강연을 했고, 2000년 12월에는 여성국제전범법정에서 대한민국 대표 검사로 서서 "한반도는 10만 명 이상이 군대 위안부로 동원된 최대 피해국이었고, 식민지 지배가 그 배경이었다. 과거를 기억할 수 없는 사람은 그 잘못을 되풀이할 수밖에 없다"면서 일왕의 처벌과 배상을 주장했다.

그런데 박 시장은 오히려 박겸수 구청장에게 '근현대사기념관'을 역제안하며 건립비 39억 원을 전액 시비로 충당했다. 근현대사기념관이 건립된다는 입소문이 나자 시민 역시 자발적으로 참여했다. 근현대사기념관의 백범 김구 상징조형물 설치를 위한 모금 운동에 적극 동참한 것이다. 3000만 원은 순식간에 모였다. 기념관 앞마당에 제작된 김구의 조형물은 '평화의 소녀상'을 만든 부부 조각가 김운성과 김서경이 제작했다.

2020년 5월 기준 근현대사기념관은 북한산 자락 초입에서 시민을 맞고 있다. 이들은 소개 문구에 "역사의 현장인 이 북한산 자락에, 동학농민운동에서부터 4·19혁명까지 자랑스러운 역사를 제대로 기억하고 전파하기 위해 근현대사기념관이 문을 열었다"면서 "우리 기념관은 헌법에 담긴 '자유', '평등', '민주'의 이념이 선열들이 피땀 흘려 체득하고 축적해온 소중한 가치임을 감동이 있는 서사로 전달함으로써, '독립운동가들이 꿈꾼 나라', '사월혁명의 투사들이 소원했던 나라'가 바로 대한민국의 미래상임을 알리고자 한다"라고 설명했다.

근현대사기념관의 전시는 크게 상설전시와 기획전시로 구분된다. '짓밟힌 산하, 일어선 민초들'이라고 설명된 A존에는 외세 침략에 맞선 동학농민운동과 의병운동이 소개되고 있다.

기념관에서 직접 작성한 설명에는 "개항 이후 제국주의 열강의 침탈이 많아지자 나라 안팎의 위기로부터 나라를 구하기 위해 민중이 일어났다"면서 "동학농민군은 봉건질서를 타파하고 외세의 침입을 막아 자주적인 국가를 세우고자 '보국안민'과 '척왜양이'의 기치 아래 전국 곳곳에서 봉기를 일으켰다. 을미사변과 을사늑약 후에는 뜻있는 이들은 신분을 뛰어넘어 국권을 지키는 길에 힘을 모았다. 나라를 구하고자 하는 마음은 국권을 빼앗긴 뒤에도 변함이 없었으며, 끈질기게 이어진 국내외 독립운동의 밑거름이 되었다"라고 쓰였다.

1921년 1월 1일 당시 상하이 영안백화점 옥상에서 포즈를 취한 임시정부 요인들과 함께 기념사진을 찍을 수 있는 장소이기도 하다. 앉아서 찍는 것이 가장 좋다.

'시대의 마감, 민주의 마중'이라는 제목으로 명명된 근현대사기념관 B존은 영상실이다. 일제강점기부터 해방을 맞은 아버지와 아들이 시대의 흐름을, 체험 속에서 깨달은 자유와 민주주의의 진정한 의미를 전하는 내용을 담고 있다.

근현대사기념관 인증 사진, 김현석 씨와 아들 김승재 군

C존, '우리가 사는 나라, 민주공화국'에서는 1945년 해방 이후의 상황을 일목요연하게 담고 있다. 영광된 역사만을 기록하지 않았다.

대한민국 임시정부를 계승하여 민주국가를 재건한 대한민국은 자유, 평등, 민주의 가치를 제헌헌법에 담았다. 그러나 이승만 정부는 친일파를 등용하고 이를 기반으로 장기집권을 꾀하였다. 불법적인 수단을 동원해 헌법을 거듭 개정하였고, 부정선거를 자행하며 독재권력을 유지하려 하였다. 부패하고 불의한 정권에 맞서 학생과 시민들은 앞장서 민주주의 수호를 외쳤다. 더 나아가 과거청산, 서민경제 회복, 평화통일 실현이라는 시대적 요구를 분출시켰다. 4·19혁명은 민주주의의 새벽을 연 의미 깊은 첫걸음이자 기나긴 민주화의 여정을 알린 신호탄이었다.

기념관 소개에서 엿보이듯 해방 후에도 득세한 친일파들은 독립운동가와 민주 인사들을 억압했다. 그럼에도 대한민국의 가치인 자유, 평등, 민주의 가치를 제헌헌법에 담아냈다. 기념관에서는 이를 기념할 수 있도록 스탬프 이벤트존을 마련했다.

기념관 2층은 기획전시관 및 작은도서관으로 운용되고 있다. 근현

항일과 친일의 역사 따라 현충원 한 바퀴

대사기념관이 무엇보다 유용한 이유는 왜곡된 친일 역사에 맞서 학술대회와 시민교육 강좌도 병행하고 있다는 점이다.

찾아가기

- **지하철 4호선 수유역** 지하철 4호선 수유역 4번 출구로 나와 강북마을01번 버스를 타고 근현대사기념관에서 하차
- **가장 좋은 탐방 방법** 국립4·19민주묘역 → 근현대사기념관 → 수유리묘역
- 매주 월요일 휴관일, 화요일부터 일요일은 오전 9시부터 오후 6시까지 문을 연다. 관람 종료 30분 전까지 입장할 수 있다. 월요일이 공휴일인 경우 개관하고, 다음 평일에 휴관한다. 1월 1일 및 설, 추석 연휴, 강북구청이 지정한 날에도 휴관이다. 관람료는 무료다.

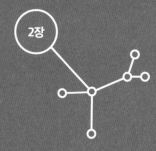

2장

수유리묘역

한눈에 보는

수유리묘역

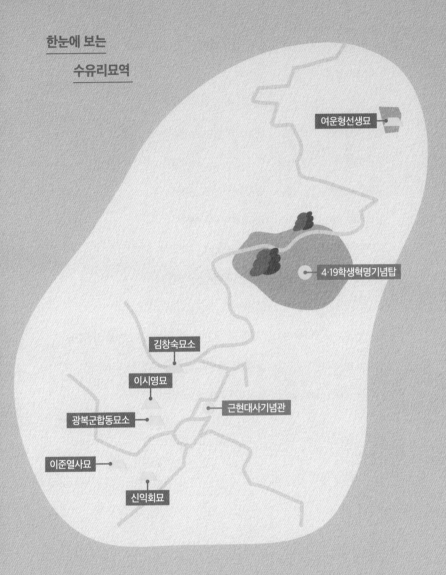

여운형선생묘

4·19학생혁명기념탑

김창숙묘소

이시영묘

근현대사기념관

광복군합동묘소

이준열사묘

신익희묘

추천 답사

● 근현대사기념관 → ● 김창숙묘소 → ● 무후광복군묘소(이시영묘소) →

● 김병로묘소 → ● 이준묘소 → ● 신익희묘소 → ● 수유리역(마을버스)

4·19민주묘역 주변의 수유리묘역에는 독립운동에 참여한 수많은 애국지사가 잠들어 있다.

김병로 金炳魯, 1887-1964   대한민국 헌법을 기초함

이시영 李始榮, 1869-1953   대한민국 초대 부통령

조병옥 趙炳玉, 1894-1960   신간회 재정부장·총무부장

유림 柳林, 1898-196   임시정부 국무위원

이명룡 李明龍, 1873-1956   민족대표 33인

양일동 梁一東, 1912-1980   대한민국 임시정부 활동

서상일 徐相日, 1887-1962   일제강점기 '9공사사건' 일으킴

김도연 金度演, 1894-1967   일제강점기 2·8독립운동, 조선어학회사건 활동

신숙 申肅, 1885-1967   일제강점기 국민대표회의 부의장, 한국독립군 참모장

손병희 孫秉熙, 1861-1922   일제강점기 3·1만세운동의 주역

…

모든 분의 활동이 귀한 탓에 경중을 따지지 않고 모두 다루는 것이 마땅하나 지면 한계상 어쩔 수 없이 김창숙, 이준, 신익희, 여운형만을 다뤘다.

김창숙

—

조선의 마지막 선비는 생의 마지막 순간까지 싸웠다

솔직히 북한산 기슭에서 심산心山 김창숙金昌淑, 1879-1962 선생을 만나게 되리라곤 상상도 못 했다. 《임정로드 4000km》와 《약산로드 7000km》를 쓰면서 경북 출신 심산을 이미 수차례 언급했던 터라 그의 묘는 당연히 고향인 성주에 있을 거라 생각했다. 그런데 무후광복군 묘역을 찾아가는 과정에서 심산의 묘를 발견했다.

김창숙은 조선의 마지막 선비라 불린 인물이다. 선비, 지금에야 꼬장꼬장한 느낌을 주지만 당시에는 '학문을 닦는 사람'을 일컫는 말이었다. 유학의 이념을 적극 수용해 구현하는 사람을 뜻했다. '배웠으니 실천한다'라는 개념을 가진 건데, 말이 쉽지 행동으로 옮기기란 쉬운 일이 아니다. 김창숙이 돋보인 이유다.

성인의 글을 읽고도 성인이 세상을 구제한 뜻을 깨닫지 못하면 그는 가짜 선비이다. 지금 우리는 무엇보다 먼저 이따위 가짜 선비들을 제거해야만 비로소 치국평천하治國平天下의 도를 논하는 데에 참여할 수 있을 것이다.

돌아보면 김창숙의 말은 놀라울 수밖에 없다. 조선이 일본에 병합된 이유, 여러 가지가 있지만 조선 양반들의 무능함도 크게 한몫했다. 자신들의 기득권을 유지하기 위해 외세에 적극적으로 부역했다. 민중이 탄압당하는 현실을 당연하게 생각했다. 이런 분위기 속에서 김창숙은 배운 대로 실천했다.

＿ 친일파 척결 외쳤다 체포된 심산

1905년 외교권을 뺏긴 을사늑약 후 김창숙은 본격적으로 행동한다. 그는 고종에게 〈청참오적소請斬五賊疏〉라는 제목의 상소를 올린다. 을사오적을 참형에 처할 것을 청원하는 상소다. 이 상소 때문에 심산은 여덟 달 동안 옥고를 치른다. 겨우 풀려난 뒤에도 친일단체인 일진회一進會가 기승을 부리자 다시 한 번 일진회를 성토하는 건의서를 냈다가 체포됐다.

옥고를 치르면서 김창숙은 활동 방향을 바꿨다. 상소와 외침에서 그치는 것이 아니라 직접 행동에 나설 것을 결의한 것이다.

1908년 대한협회가 설립되자 고향인 성주군에 대한협회 성주군 지부를 조직하고, 총무에 취임했다. 1909년에는 사립학교인 성명학교星明學校 설립에 참여했다. 그러나 친일파가 이미 모든 실권을 장악한 상태에서 1910년 한일합방은 막을 수 없는 수순, 발버둥을 쳤지만 망국을 막지 못했다.

정부 공훈록에는 당시 김창숙은 "자포자기의 심정으로 성리학에만 몰두했다"라고 기록됐다. "심산의 학문도 이때 닦아졌다"라고 쓰였다.

때를 기다리던 김창숙은 1919년 3·1운동이 들불처럼 일어나자 다시 기지개를 켜고 본격적인 활동에 나섰다. 파리장서사건巴里長書事件이 이때 발생하는데, 당시 김창숙은 3·1운동 민족 대표에 유림계가 빠졌다는 사실에 심한 자괴감을 느꼈다고 전해진다.

김창숙은 영남과 호남 지역의 유림 중진을 설득해 파리강화회의에 보내는 독립청원서인 장서를 작성케 하였다. 이를 바탕으로 유림을 대표하는 137명 선비들이 연서하게끔 주도했다. 이를 인쇄해 조선 팔도 향교에 배포했다. 원본은 김창숙이 직접 휴대해 중국으로 망명한 뒤 프랑스로 우송할 계획이었다. 이것이 바로 김창숙이 주도한 제1차 유림단사건이다.

정부 공훈록에는 이 사건에 대해 "유림계는 한말 구국을 위한 척사운동과 의병운동의 전통을 계승하여 독립운동에 적극 참여케 되었던 것"이라고 평가했다. 서울 남산 장충단 공원에 '파리장서비'가 있다.

— 독립운동의 중심에 선 김창숙

3·1운동 후 중국으로 망명한 김창숙은 임정에서 이동녕과 이시영, 신규식 등 지사들을 만나 임시의정원을 조직한다. 1919년 4월 30일부터 열린 제4차 회의에서 김창숙은 김정묵 등과 함께 의정원 경상도의원으로 선출됐다. 5차 회의에서 김창숙은 교통위원이자 의정원 부의장직에도 당선됐다. 당시 의정원 회의가 진행됐던 곳이 중국 상하이 진선푸루(金神父路), 지금의 루이진얼루(瑞金二路)라는 거리다. 아무런 표식도 남아 있지 않은 이 장소에서 지금의 '대한민국'이라는 나라가 탄생했다.

이미 유학자로서 크게 이름을 떨친 김창숙은 중국의 국부 쑨원 등과도 공조해 한·중 공동 항일운동을 추진했다. 훗날 김창숙의 행보가 의열 투쟁까지 이어진 것을 고려하면 위기의 순간 대쪽 같은 선비의 지조가 무엇인지 다시금 생각게 한다. 임시정부를 후원하는 한국독립후원회도 당시 김창숙의 주도로 만들어졌다.

1920년 김창숙은 상하이에서 한국 독립운동을 위해 〈사민일보四民日報〉를 창간했다. 톈진에서는 단재 신채호와 함께 독립운동 기관지 〈천고天鼓〉를 간행했다. 그러나 부임 후 여섯 달 만에 미국으로 돌아간 이승만 대통령 탓에 임시정부는 완전히 양분되었다. 1925년 김창숙은 이승만 임시 대통령의 위임통치 주장이 문제시되자 박은식, 신채호 등과 함께 이승만을 대통령 자리에서 파면시켰다.

김창숙은 임시정부의 활동이 기대보다 미진하자 1924년부터 베이징에서 이회영과 함께 새로운 독립운동 기지로서 중국 둥산성 집중해 일대의 한인 교포들을 모아 집단 거주지를 마련했다. 동시에 청장년을 훈련시켜 독립군을 양성, 국내로 진입하는 독립전쟁을 목표로 했다. 자금을 마련하기 위해 심산은 1925년 8월 국내로 잠입했다. 경기와 충청, 경상 지역에서 유림과 부호를 대상으로 모금 활동을 전개했다. 하지만 국운이 크게 기운 상황에서 다들 나서기를 꺼렸다. 성과는 미미했다.

다시 상하이로 돌아온 김창숙은 민족의식을 고취하는 방법이 의열 투쟁에 있음을 깨닫고, 1926년 이동녕, 김구, 김원봉 등과 함께 의열단원 나석주를 조선에 파견했다. 나석주에게 부여된 임무는 앞서 다룬 동양척식회사와 조선식산은행의 파괴, 그러나 나석주의 의거는 폭탄이 불발해 실패하고 만다.

1927년 5월, 병을 얻은 김창숙은 상하이 공동조계에 있던 영국인 병원 공제의원에 입원했다. 이때 일제에 발각돼 국내로 압송된다. 김창숙은 14년형을 언도받고 옥고를 치르게 된다. 그리고 당시 당한 심각한 고문으로 하반신 장애를 얻게 된다. 후유증으로 두 다리가 마비되어 형집행정지로 풀려난 김창숙은 일제가 패망하기 직전 다시 체포돼 고향인 성주에서 서울로 압송되던 중에 해방을 맞이하게 됐다.

─ 해방은 되었지만

해방 후에도 김창숙의 행보는 다르지 않았다. 그는 이승만에 맞서 남한 단독선거 반대 운동을 벌였다. 그러나 미군정을 등에 업은 이승만을 넘어설 수 없었다. 김창숙은 방향을 바꿔 교육에 집중했다. 유학의 근대적 발전과 육영 사업을 목적으로 성균관과 성균관대학을 재건했다.

하지만 이승만 정권의 독재가 이어지자 김창숙은 다시 한 번 〈하야경고문〉을 작성해 이승만에게 보냈다는 이유로 부산형무소에 투옥됐다. 청원이 이어져 겨우 출옥했지만 이듬해인 1952년 2·4정치파동이 일어나자 심산은 부산 국제구락부에서 반독재호헌 구국선언대회를 개최했다는 이유로 재차 투옥되는 시련을 겪는다. 훗날 국제구락부사건으로 명명된 이 사건은 이승만 독재에 맞선 대표적 투쟁이다.

1950년 5.30선거에서 야당이 압승하지 간선으로는 재선이 어려워진 이승만은 1951년 11월 30일 대통령 직선제 개헌안을 국회에 제출했다. 개헌안은 국회에서 1952년 1월 18일에 부결됐다. 이승만 정권은 국회 해산을 요구하는 관제 민의 운동을 주도해 국회를 위협했다. 5월 25일 부산과 경상남도, 전라남도, 전라북도의 23개 시군에 계엄령을 선포했다. 이어 이승만 정부는 내각제를 주장하는 야당 의원 50여 명을 헌병대에 연행하고, 12명은 국제 공산당 관련 혐의로 구속하는 등 일련의 정치파동을 일으켰다.

1952년 6월 20일 김창숙은 이를 반대하는 국제구락부 반독재호헌 구국선언대회를 주도했다. 대회가 개최되고 선언문을 읽을 무렵 수십 명의 깡패가 대회장에 들이닥쳤다. 대회장은 순식간에 아수라장으로 변했고 부상자들이 속출했다. 계엄사령부는 심산 등 30여 명을 체포해 수사를 진행했다. 이 일 이후 이승만 독재는 더욱 장기화됐고 김창숙은 모든 공직에서 추방당했다.

― 박정희에 돌아누운 이유

모든 공직에서 추방당한 김창숙은 1962년 5월 10일 84세의 나이에 영면한다. 놓치지 말아야 할 역사적 사건이 이때 발생한다. 5·16군사 정변으로 정권을 잡은 만주군 장교 출신 박정희가 당시 병원에 입원한 김창숙을 찾는다.

쿠데타로 정권을 잡은 박정희에겐 이승만과는 다른 명분이 필요했다. 병원에 누워 있는 유림의 대표이자 조선의 마지막 선비 김창숙을 통해 쿠데타의 명분을 얻고자 한 것이다.

군복을 입은 박정희가 막상 병문안을 오자 김창숙은 벽을 향해 몸을 돌려버린다. 외면당한 박정희는 멋쩍은 표정을 지었을 뿐 어찌할 방도가 없었다. 김창숙에게 박정희는 만주군 출신 친일파에 불과했던 것이다. 박정희가 권력의 최중심에 섰다 할지라도 마주 앉아 이야기하는 건 말도 안 되는 일이었다. 선비다운 지조를 생의 마지막 순간까지 유지한 것이다. 1962년 정부는 김창숙에게 건국훈장 대한민국장을 서훈했다.

김창숙은 북한산 자락 중턱에 잠들었다.

김창숙의 시 〈반귀거래사〉를 덧붙인다. 그의 무덤 앞에서 한 번쯤 읽어봤으면 하는 바람이다. 독립과 민주화를 위해 모든 것을 다 바쳤는데 남은 것이 아무것도 없었다. 바람은 〈귀거래사〉의 주인공 도연명 같은 모습이었으나, 바라 마지않던 해방된 조국의 현실이 그를 가만히 두지 않았다.

돌아갈거나! 歸去來兮

전원이 이미 황폐하니, 어디로 돌아가리? 田園已蕪將安歸

조국의 광복에 몸을 바치매 余旣獻身兮光復役

뼈가 가루 된들 슬플까마는 縱粉骨而奚悲

모친상 당하고도 모른 이 몸은 有母喪而不知

되돌리지 못하는 불효에 울 뿐! 痛不孝之莫追

이역만리 갖은 풍상 다 겪으면서 飽風霜於異域

나날이 그르쳐가는 대업 탄식하다가 嗟志業之日非

문득 크나큰 모욕을 받아 身旋陷於大僇

죄수의 붉은 옷 몸에 걸쳐도, 穿虜狂之赤衣

고생을 달게 받아 후회는 없고 忍苦辣而不悔

행여 도심 쇠해질까 걱정했노라. 懼道心之或微

눈앞에 고향을 바로 두고도 鄕山在望

쇠사슬에 묶이어 가지 못했네 繫械莫奔

항일과 친일의 역사 따라 현충원 한 바퀴

앉은뱅이 되어서야 옥문 나서니 癈疾而躄, 始出牢門

쑥밭 된 집안에는 남은 것 없고 室廬蕩殘, 舊物無存

농사 아니 지으니 무엇 먹으며 不農奚餐

빚을 수도 없으니 그 무슨 술 마시리. 不釀奚酒

친척들도 모두들 굶주려 하니, 親戚亦其窮餓

솟구치는 눈물이 얼굴을 가리네. 釀危涕而被顔

아내도 집도 없어진 지금 旣靡室而靡家

어느 겨를 일신의 안정 꾀하리. 寧遑謀於奠安

음험하기 짝 없는 사람들 있어 紛鬼蜮之恠物

내 고향의 날뜀을 봐야 했어라. 任跳梁於鄕關

삼팔선이 나라의 허리를 끊고 哀三八之斷腰

그 더욱 슬픈 것은 동족의 무덤 最傷心於京觀

모략 받아 죽은 이들 너무나 안타까워 歎明夷之入地

하늘 우러러 하소연한들 그 누구 돌아오리 仰皓天而不還

아! 거의 다 죽어가는 병든 이 몸엔 噫垂死之病夫

아무리 둘러봐도 어정댈 한 치 땅도 없도다. 顧無所於盤桓

어디에 잠들었나?

근현대사기념관 입구에 심산을 비롯해 북한산 기슭에 잠든 지사들의
흉상이 있다. 흉상 아래쪽으로 작은 소로가 있는데, 이 길을 따라 걷다

북한산 기슭에 심산 김창숙 선생의 묘가 있다.

보면 백운배트민턴이 나온다. 이곳에서 10분 정도 산길을 따라 올라가면 우측에 자리한 김창숙의 묘를 확인할 수 있다. 김창숙의 묘 위쪽으로 양일동과 서상일의 묘소도 있다. 함께 인사드리면 더 좋다.

02

무후광복군과 이시영

누군가는 기억해야 할 애국지사들

북한산 자락에는 이준, 손병희, 이명룡, 여운형, 신익희, 김병로, 유림, 김창숙, 신숙, 서상일, 양일동, 신하균, 김도연, 조병옥, 이시영 등 독립운동가들이 산개해 잠들어 있다. 근현대사기념관 앞에 이들의 흉상이 있다. 그런데 북한산 자락을 거닐 때 우리가 결코 잊어서는 안 되는 독립운동가들이 있으니 바로 후손 없이 떠나간 광복군들이다.

무후無後광복군, 이시영의 묘소 바로 아래쪽에 자리한 묘역으로 광복군 17명이 합장돼 잠들었다. 이들 모두 후손이 없다는 이유로 제대로 알려지지 않았다. 이 때문에 묘역 관리도 제대로 되지 않았다.

김찬원	문학준	이해순	김성률	현이평	김유신
백정현	김운백	한휘	전일묵	이도순	동방석
정상섭	이한기	안일용	김순근	조태균	

이 17명의 광복군 중 열아홉 소년 김순근 정도가 그나마 알려졌다. 김순근은 1944년 패망을 앞둔 일제의 횡포가 날이 갈수록 심해지자 분기를 참지 않고 한국광복군에 입대했다. 1944년 11월 광복군 3지대 화북지구에 소속된 그는 중국 톈진에서 동지들을 비밀리에 모으는 임무를 맡게 됐다. 그러나 김학규 장군의 명으로 임무를 수행하던 중 일제의 감시망에 걸리고 말았다. 그는 임무 수행 도중 발각돼 옥에 갇혔다. 김순근은 조직과 동지들을 보호하기 위해 자결을 택한다.

정부 공훈록에는 짧은 기록 한 줄만 남았다.

비밀을 보전하기 위하여 자결순국한 사실이 확인됐다.

— 무후광복군 옆에 잠들다, '대한민국 임시정부의 단단한 뿌리' 이시영

북한산 무후광복군묘역 바로 뒤쪽에는 대한민국 정부 초대 부통령인 이시영李始榮, 1869-1953 선생의 묘가 있다. 함께 살필 것을 강력하게 권유한다. 아래는 대한민국 임시정부의 단단한 뿌리였던 이시영 선생이 걸은 약력 중심의 서술이다. 그의 행보가 곧 대한민국 임시정부의 걸음이었다.

　이시영 선생은 1905년 을사조약이 강제로 체결된 뒤 비밀결사인 신민회를 조직하고 구국운동을 벌였다. 1910년 경술국치를 당하자 대한민국 노블레스 오블리주의 대표주자인 친형 이회영 등과 함께 가족 50여 명을 이끌고 중국 류허현 추가가로 망명하였다. 이듬해인 1911년 류허현 삼원보에서 교육 진흥과 독립군 양성을 목적으로 경학사와 신흥강습소 설립을 주도하였다. 1912년 통화현 합니하에서 신흥강습소를 신흥무관학교로 발전시켰다. 신흥무관학교는 1920년 폐교될 때까지 3500여 명의 독립군 간부를 배출했으며, 이들은 청산리독립전쟁의 주축을 이루었다. 이 모든 것이 이회영-이시영 형제의 희생을 기반으로 이뤄진 일이다.

　그러나 이시영은 여기서 멈추지 않았다. 그는 1913년 베이징에서 중국의 위안스카이(袁世凱) 총통을 통하여 둥산성의 한교문제를 원조하는 데 기여하였다. 1919년 4월 상하이에서 대한민국 임시정부 수립에 참여해 법무총장, 재무총장 등으로 재임하였다. 이후 임시정부가 내홍을 겪을 때도 임시정부의 큰 어른으로서 역할하며 질곡의 1920년대 임시정부를 이끌었다. 1932년 윤봉길 의사의 의거 이후 임시정

이시영 흉상

부의 대장정이 시작됐을 때도 이시영의 역할은 변하지 않았다. 그는 임시정부의 어른으로서 임시정부 식솔을 이끌며 피난 생활을 이어갔다. 그러면서도 이시영은 대한민국 임시정부 국무위원 겸 법무위원 등으로 활동하며 임정의 행정을 이끌었다. 1930년대와 1940년대도 다르지 않았다. 그는 임시정부 여당의 위원으로 활동하며 임시정부가 독립운동의 중심으로 역할 하는 데 일조했다.

— '대한민국은 민주공화국이다', 헌법을 명문화한 이시영과 조소앙

그런데 그의 걸음 중 우리가 놓쳐서는 안 되는 한 가지가 있으니, 1919년 대한민국 헌법이 만들어질 때 큰 역할을 했다는 점이다. '대한민국은 민주공화국이다'라는 헌법 제1조의 문구가 101년 전인 1919년에 이시영과 조소앙의 손에 의해 명문화됐다. 아래는 이시영이 조소앙과 함께 기초한 '대한민국 임시헌장' 10조의 전문이다. 현재와 비교해도 손색이 없다. 이시영 선생의 묘에서 되새겨볼 것을 추천한다.

제1조　대한민국은 민주공화제로 한다.
제2조　대한민국은 임시정부가 임시의정원의 결의에 의하여 통치한다.
제3조　대한민국의 인민은 남녀, 귀천 및 빈부의 계급이 없고 일체 평등하다.

항일과 친일의 역사 따라 현충원 한 바퀴

제4조　대한민국의 인민은 종교, 언론, 저작, 출판, 결사, 집회, 통신, 주소 이전, 신체 및 소유의 자유를 누린다.

제5조　대한민국의 인민으로 공민 자격이 있는 자는 선거권과 피선거권이 있다.

제6조　대한민국의 인민은 교육, 납세 및 병역의 의무가 있다.

제7조　대한민국은 신神의 의사에 의해 건국한 정신을 세계에 발휘하고 나아가 인류문화 및 평화에 공헌하기 위해 국제연맹에 가입한다.

제8조　대한민국은 구 황실을 우대한다.

제9조　생명형, 신체형 및 공창제公娼制를 전부 폐지한다.

제10조　임시정부는 국토 회복 후 만 1개년 내에 국회를 소집한다.

어디에 잠들었나?

근현대사기념관 위쪽으로 약 50m 정도 올라가면 둘레길탐방안내센터가 있다. 센터를 끼고 우측으로 난 숲길을 따라 안쪽으로 쭉 들어가면 작은 다리가 나온다. 그 다리를 건너자마자 우측으로 이어진 길을 5분 정도 올라가면 무후광복군합동묘소가 나온다. 중간중간 표지판이 있다. 놓치지 말고 표지판을 따라 이동할 것을 당부한다. 이시영 선생 묘소 바로 아래 위치한 터라, 이시영 선생 묘를 목적지로 잡고 이동해도 된다.

무후광복군묘역

개인적으로 무후광복군묘역에 갈 때면 소주 한 병을 준비한다. 소주 한 잔이지만 독립을 위해 목숨 바친 후손 없는 광복군을 기리기 위한 나만의 방식이다.

03
—
이준
—

밀명을 받고 네덜란드 헤이그까지 갔건만

헤이그특사, 이준, 이상설, 이위종
(왼쪽부터)

북한산 자락 애국지사들의 무덤을 걷다 보면 회한과 아쉬움 등이 겹쳐 금세 심신이 지친다. 물론 산길을 걸어야 하는 것도 이유지만, 나라 위해 목숨 바친 지사들의 무덤이 산골 깊숙한 곳에 자리해 있다는 미안함이 더 크기 때문이다. 누차 강조했듯 국가공인 친일파가 현충원에 잠든 것을 생각하면 이런 마음은 더욱 짙어지기 마련이다.

그런데 이준李儁, 1859-1907 열사의 묘에 가면 이러한 감정이 약간이나마 옅어진다. 지사들 묘역 최상단에 위치한 이준 열사의 묘는 일단 4800평의 너른 공간이 푸근함을 전한다. 이준의 얼굴이 새겨진 석면과 유럽풍의 석묘와 사계절마다 다른 색을 보여주는 북한산의 나무들은 이준의 묘를 병풍처럼 감싸 안고 있다.

이준은 정부공훈록에 "1907년 7월 14일 네덜란드 헤이그에서 분사
憤死했다"라고 명시됐다. 분사, 분을 못 이겨 죽었다는 말인데, 온 힘을
다해 조선에서 네덜란드까지 갔지만 뜻을 이루지 못한 분함이 그를 순
국케 한 것이다.

어떤 사연이 있기에 이역만리 타국에서, 분을 이기지 못해 떠난 것
일까? 우리는 왜 조선의 법조인이었던 이준에게 '열사'라는 호칭을 붙인
것일까?

― 공진회의 수장으로 일진회에 맞서다

1859년 12월에 태어난 이준은 구한말에 검사이자 외교관으로 활동
했다. 청년 시절엔 고향인 함경남도에서 교육 사업 등을 하며 활동을
이어갔다. 이 과정에서 개화파와 친분을 다지며 조선을 바꾸기 위한 방
법에 몰두했고, 일본 와세다대학에서 법률을 공부했다.

갑오개혁의 일환으로 1895년 '법관양성소'가 만들어지자 36세였던
이준은 이곳을 1기생으로 졸업했다. 이준은 졸업과 동시에 한성재판소
검사보가 되었고, 검사 5년차에 법무대신인 이하영을 탄핵했다고 전해
진다.

이하영은 서울현충원에 안장된 친일파 이종찬의 할아버지다. 이하
영은 3대가 명문 집안 출신이라고 강조한 그 집안의 시작점이 되는 인

물로, 1905년 을사늑약을 이끈 친일파다.

1902년에는 민영환閔泳煥, 1861-1905의 비밀결사 개혁당에 가담했으며, 1904년 공진회共進會 회장을 지냈다. 친일단체인 일진회에 맞서는 단체였다. 그런데 이러한 공진회의 활동으로 이준은 체포돼 유배 생활을 하게 된다. 공진회의 활동이 공격적이었다는 것이 이유였다.

공진회는 설립 후 일진회의 세력 약화를 위해 전략적인 방법을 강구했다. 대표적인 것이 일진회의 모체인 유신회維新會에서 활동하던 윤효정尹孝定을 해당 단체에서 탈회하도록 권유해 부총무로 영입한 일이다. 이후 공진회는 같은 해 12월 25일 연설회를 개최하여 신기선申箕善, 김가진金嘉鎭 등에게 공개장을 보내어 일진회에서 탈퇴할 것을 종용했다.

공진회와 일진회 사이의 갈등이 심각하게 전개되자 일제는 정부를 압박해 이준과 윤효정 등을 체포했다. 격분한 공진회 회원들은 대대적인 시위 운동을 전개하고 석방을 요구했다. 그러나 일본 기마헌병대의 출동으로 집회는 강제 해산됐다. 이준이 고종의 눈에 들어온 것도 이즈음으로 추정된다.

이준은 1905년 국민교육회 회장에 취임하고 보광학교, 오성학교를 설립하는 등 교육 계몽운동에 힘썼다. 그러는 사이 1904년에는 〈한일의정서〉 반대 운동을 진행하기도 했다.

— 고종의 밀명을 받다

망국의 길을 막을 순 없었다. 이준이 아무리 발버둥 쳐도 조선을 탈취하려는 일본의 움직임은 계속됐다.

돌아보면 1904년 2월에 체결된 〈한일의정서〉를 시작으로 같은 해 8월 1차 한일협약, 을사늑약으로 불리는 1905년 11월 17일 제2차 한일협약, 1907년 7월 24일 한일신협약 사건으로 인한 대한제국 군대 해산, 1909년 7월 12일 대한제국 순종 황제의 국정 운영 실권을 박탈한 기유각서, 1910년 6월 24일 경찰권 피탈, 1910년 8월 29일 경술국치까지 일련의 흐름이 이어져 온 것이다.

이준은 거대한 시류에 맞서 싸웠다. 고종은 이준의 항거를 주시했다. 1905년 을사늑약이 체결된 후 고종은 네덜란드 헤이그에서 러시아의 니콜라이 2세가 소집하는 제2회 만국평화회의에 특사를 파견하여 을사늑약이 대한제국 황세의 뜻에 반하여 일본제국의 강압으로 이루어진 것임을 폭로하고 을사늑약을 파기하고자 했다.

문제는 돈이었다. 이준은 상동감리교회 전덕기全德基 목사를 찾아 비밀리에 헤이그특사 파견 계획을 세운다. 동시에 이동 경비와 활동 자금을 마련하기 시작했다. 상동감리교회는 지금의 숭례문(남대문) 우측에 있는 교회로 종로와 남대문을 오가는 상인과 평민이 교인으로 활동했다.

당시 감리교회 목사였던 호머 헐버트Homer Hulbert의 지원도 놓쳐서는 안 되는 부분이다. 그는 헤이그특사에 대한 지원과 일본에 대한 교란책을 활용한 덕에 제4의 특사라고 불리기도 했다. 대한민국 정부로

항일과 친일의 역사 따라 현충원 한 바퀴

부터 외국인으로서는 최초로 건국공로훈장 태극장(독립장)이 추서된 인물이기도 하다.

든든한 지원군을 얻은 이준은 밀지를 받아 러시아로 향한다. 블라디보스토크에서 전 의정부 참찬 이상설李相卨, 1870-1917을 만나 함께 길을 떠나기 위함이었다. 이상설을 만난 이준은 1907년 5월 21일 블라디보스토크를 출발한다. 보름 뒤인 6월 4일, 그들은 시베리아를 거쳐 당시 러시아의 수도였던 상트페테르부르크에 가서 전 러시아 공사관 참서관 이위종李瑋鍾, 1884-?을 만난다. 마침내 세 명의 헤이그특사가 완성된 것이다.

__ 헤이그에 도착해 '항소'를 외쳤건만

러시아 상트페테르부르크를 나선 이준 일행은 1907년 6월 19일 베를린에 도착해 각국 수석 대표에게 보낼 격문(〈공고사控告詞〉라 불린다)을 인쇄한다. 엿새 뒤인 6월 25일, 이준 일행은 마침내 헤이그에 도착했다. 처음 계획을 세운 뒤 두 달 만에 이뤄낸 쾌거였다.

1907년 6월 28일, 이준 일행은 〈공고사〉를 일본을 제외한 만국평화회의 참가국 위원회에 보낸다. 같은 날짜의 《만국평화회의보Courrier de la Conférence》에도 〈공고사〉가 게재된다. 다음 날인 6월 29일 밀사는 회의를 주재한 러시아제국 수석대표 넬리도프 백작을 방문하지만 면회를 거절당한다. 6월 30일, 미국과 영국, 프랑스, 독일 대표를 찾아가 지원을 요청하지만 전부 거절당했다. 7월 1일, 만국평화회의 개최국인 네덜란드 외무장관의 면회를 요구하지만 이 역시도 거절당한다. 열강의 한 축이었던 일본이 모든 열강에게 손을 써놓은 상황이었다. 결국 이준 등 대한제국 대표들은 회의 참석과 발언을 거부당한 채 분노의 눈물만 삼켜야 했다.

그나마 고종의 또 다른 밀명을 받고 이어 헤이그에 도착한 호머 헐버트 목사의 도움으로 1907년 7월 8일 국제주의재단Foundation for Internationalism 집회에서 연설할 수 있었다.

당시 이위종은 불어와 영어, 러시아어를 자유자재로 구사했다. 그의 연설은 '대한제국의 호소A plea for Korea'라는 제목으로 언론에 회자됐다. 그러나 주목만 끌었을 뿐 구체적인 성과를 내지 못했다. 오히려 1907년 7월 9일, 오사카《마이니치신문》1면에 〈대한 조치 단행할 시기—헤이그 한인의 괴운동〉이란 제목으로 일본 정부와 이토 히로부미에게 엄격한 대응을 촉구하는 논설이 게재돼 반발을 샀다.

7월 12일, 이위종은 상트페테르부르크로 돌아갔다. 다음 날인 7월 13일, 일본 언론에 이준의 얼굴에 악성 종기가 나서 중태에 빠졌다는 기사가 공개됐다. 7월 14일 저녁, 투숙해 있던 호텔에서 이준은 사망했다. 7월 18일, 이위종은 상트페테르부르크에서 헤이그로 돌아온다. 1907년 9월 6일, 이준의 장례식이 열렸다. 이준의 동생과 대한제국 외교관, 헤이그 YMCA 회장 등이 참석했다고 전해진다. 그해 10월 18일, 제2차 만국평화회의는 폐회됐다.

1995년 8월 5일, 네덜란드 헤이그의 한 고택에 이준열사기념관이 만들어졌다. 기념관에는 이준 열사의 헤이그 활동 당시의 모습이 상세히 진열됐다.

서훈 받지 못한 아들

이준의 장남 이용李鏞 역시 독립운동을 한 인물이다. 이준이 헤이그에서 사망했다는 소식을 들은 이용은 일제의 폭압을 이기지 못하고 1910년 블라디보스토크로 망명한다. 이것이 이준의 아들 이용이 대한민국에서 서훈을 받지 못한 첫 번째 계기가 됐다.

러시아에서 활동 기반을 닦던 이용은 1911년 8월 중국 동북 지방으로 이동해 조선동포자치회 성격의 '간민회' 총무를 보다가 중국 저장성 육군군관학교 포병과를 졸업하고 저장성 육군 8연대 소위로 복무한다. 1920년 대한민국 임시정부로부터 동로사령관으로 임명되어 북간도에서 반일무장부대의 통합에 힘쓰는 한편 대한국민회 산하 사관학교 건립을 준비했다. 이때 봉오동전투와 청산리전투에도 참여한 것으로 전해진다.

이후 일본군의 대토벌전에 대항해 1920년 말 러시아령으로 넘어갔지만 1921년 6월 대한의용군 무장해제 사건, 일명 '자유시 참변'을 거치며 이르쿠츠크로 압송됐다. 그 과정에서 겨우 탈출해 연해주 이만 지방에서 대한의용군을 재건하고 사령관이 됐다. 이후 여러 전투에서 러시아 백위군에 대항해 싸웠다. 시베리아내전이 끝난 뒤 소련 사관학교에서 수학한 이용은 1925년 소련 군사고문단과 함께 중국 광둥으로 이동해 1927년 4월 장제스의 반공 쿠데타에 반대하여 싸웠다. 12월 광저우봉기 당시 봉기군 교도단 제1영 군사고문으로 참가했지만 실패한 후 다시 만주로 건너가 일제에 대항해 싸웠다. 1931년 11월 일본 경찰에 체포되어 서대문형무소에서 복역한 후 북청에 거주제한 조치를 받았다. 1936년 11월 북청에서 조국광복회에 들어가 지하활동을 했으며, 1944년 11월 창춘에서 동북인민해방정치위원회를 결성하고 일본군 군사시설에 대한 정찰 활동에 참가했다. 일제강점기 내내 아버지처럼 독립을 위해 목숨 바쳐 싸운 것이다.

해방 후 그의 선택은 북이었다. 1946년 3월 월남해 만 2년 동안 서울에서 활동하며 남조선 단독정부 수립에 반대했다. 하지만 막을 수 없다는 걸 깨닫고 1948년 4월 남북연석회의에 참가하기 위해 자진 월북한다. 이후 김일성 정권은 그의 독립운동 경력을 높이 사 1948년 9월 조선민주주의인민공화국 도시행정상으로 임명했다. 1951년 12월에는 사법상이 됐고, 1953년에는 무임소상이 되었다. 1954년 8월 18일 운명한 이용에게 1990년 조국통일상이 추서되었다. 현재 애국열사릉에 안장돼 있다.

대한민국 정부는 이준의 아들 이용에 대해 북한 정권에 참여해 공적을 쌓았다는 이유로 서훈하지 않았다. 약산 김원봉과 같은 이유다.

항일과 친일의 역사 따라 현충원 한 바퀴

이준 열사 묘소를 간다는 것은 국립4·19민주묘지에서 시작되는 북한산묘역탐방의 끝자락에 다다른 셈이다. 수유역 2번 출구에서 마을버스 강북01번을 탑승해 종점인 아카데미하우스까지 이동하면 쉽게 찾을 수 있다.

그러나 국립4·19묘역에서부터 근현대사기념관, 여러 지사의 묘를 두루 살핀 후 이준 열사를 만나는 것을 다시 한 번 추천한다. 지사들의 묘를 지나 끝에 위치한 이준 열사 묘에 이르렀을 때 그곳에서만 느낄 수 있는 멋스러움이 있기 때문이다.

이준 열사 묘소로 향하는 길목에 이준 열사의 어록이 입간판으로 세워져 있다. 여러 귀한 이야기가 많은데 그중 한 구절만 소개하겠다.

인간이 하고 하는 일은 하고 하고 또 해야 한다. 하고 하고 또 하다가 후인이 다시 하고 다시 해야 한다.

이준열사묘역

어쩌면 독립을 향한 그의 마음이 아니었을까. 그의 뜻을 이어받아 아들 이용 역시 일제강점기 내내 독립운동에 온 힘을 다했다.

04

신익희

그가 살았다면, 대한민국은 어떻게 변했을까?

해공海公 신익희申翼熙, 1894-1956 선생, 그를 생각할 때마다 드는 생각은 아쉬움이다. 1956년 5월 5일, 그가 호남선 열차에서 객사하지 않았다면 대한민국은 어찌 변화했을까? 최소한 지금보다는, 민주주의만큼은 훨씬 더 진일보하지 않았을까? 해공 신익희가 부재한 것이 못내 아쉽다.

그럴 수밖에 없는 이유가 있다. 1956년 3대 대선 때 당시 총 투표 수 906만 여 표 중 무려 185만 표가 무효 처리됐다. 20%가 넘는 수치인데, 이유는 무엇일까? 신익희 때문이다. 선거 열흘 전, 민주당 후보인 신익희가 열차 안에서 심장마비로 갑자기 세상을 등진다. 후보가 사망한 상황에서도 시민은 신익희에게 표를 던졌던 거다.

신익희가 살아 있었다면 어떤 결과가 벌어졌을까? 역사에 만약은 없다지만, 최소한 이승만의 독재와 부정, 군사쿠데타로 이어지는 역사의 반동은 막았을지 모른다. 신익희는 충분히 그럴 능력이 있는 인물이었다.

─ '엄친아' 신익희

1920년대 대한민국 임시정부 활동 당시 신익희의 모습을 보면 '엄친아'라는 말밖에 떠오르지 않는다. 부리부리한 눈매에서 나오는 뚜렷한 인상, 누구보다 맵시 있게 양복을 입고 정면을 응시하던 모습은 절로 탄성이 일 정도다. 하지만 그의 장점은 외모가 아니었다. 그는 임시정부에서 인재 중 인재였다.

1894년 6월 경기도 광주 명문가에서 태어난 신익희는 1910년 한성 관립외국어학교 영어과를 졸업하고 1911년 9월 일본 유학을 결행한다. 1913년 3월 대학 입학시험을 치른 신익희는 와세다대학에 큰 어려움 없이 입학한다. 대학에서는 한국 유학생들과 학우회를 조직해 회장 등의 임원을 맡았다. 동시에 기관지 〈학지광〉을 발간해 학생운동을 이끌었다.

1913년에는 와세다대학 재학 중 방학을 이용해 교편을 잡기도 했다. 고향인 경기도 광주에 동명강습소를 열었고, 서울 중동학교에서 교편을 잡았다. 1917년에는 보성법률상업학교 교수가 되었다. 당시에도 신익희의 강연은 크게 인기를 끌었는데 어려운 단어를 쉽게 풀이해 명강의로 평가를 받았다.

3·1운동을 앞두고 신익희는 이상재, 이승훈 등과 함께 독립선언서를 작성하고 민중봉기를 결의한다. 1919년 3·1운동이 일어나자 그는 해외 연락 임무를 맡았다. 이 과정에서 일제에 지명수배를 당했음에도 등사판을 빌려다가 〈독립선언서〉를 인쇄해 시내 각 가정에 배포했다. 일제의 감시망을 더는 피할 수 없게 된 신익희는 배편으로 서해를 건너 중국 상하이로 향했다. 프랑스 조계에 설립된 독립임시사무소를 찾아간 것이다. 신익희가 임시정부의 주역으로 떠오른 순간이기도 하다.

─ 대한민국 임시정부 법무총장 신익희

젊지만 영리했던 신익희는 대한민국 임시정부 수립에 적극 참여했다. 특히 자기보다 한참 선배인 이동녕, 이시영, 조완구, 조성환, 신석우, 신규식 등과 함께 상하이 프랑스 조계의 허름한 집을 임시사무소로 정해 임시정부 조직을 위한 비밀회의를 이어갔다.

1919년 4월 11일, 중국 상하이 김신부로(현 서금이로)에서 대한민국이 탄생했다. 그는 임시의정원 의원에 선출됐다. 4월 25일 임시의정원 법의 초안 작성에 참여했고, 직접 의정원법을 낭독해 채택했다. 동시에 대한민국 임시정부의 법무부 차장으로 임명됐다. 1919년 9월 대한민

국 임시정부가 한성 정부 및 블라디보스토크 정부와 통합하자 법무총
장으로 취임했다. 1920년 9월에는 임시정부 외무총장이 되었다. 신익
희의 나이 28세였다.

당시 신익희의 활동을 담은 사진이 지금까지도 전해지고 있다. 초
기 안창호 선생과 함께 국무위원으로 활동했을 때의 모습과 이승만 대
통령이 부임하고 활동했을 당시의 모습도 사진으로 남아 있다. 지금은
사진을 찍은 그 장소(상하이 영안백화점 옥상) 역시 확인돼 '임정로드'를 걷
고자 하는 시민들의 걸음을 이어주고 있다.

1932년 윤봉길 의사의 의거 이후 신익희 역시 상하이에서의 활동을
이어가지 못한다. 그는 일제의 감시망을 피해 분장을 하고 중국 전역을
유랑하기 시작한다. 당시 영어를 가르치면서 생활을 이어갔다고 전해진
다. 그러나 독립운동에서 멀어진 것은 아니었다. 1933년에는 김규식,
김원봉과 함께 대일전선 통일동맹을 결성해 대일항전을 전개했다.

1935년 7월 중국 난징에서 민족혁명당이 결성되자 그도 참여했다.
당시 민족혁명당이 결성된 장소가 중국 진링대(현 난징대) 대례당이다. 이
장소 역시 현재까지 지사들의 걸음을 추적하려는 시민들의 걸음이 이
어지고 있다.

어렵게 만들어진 민혁당은 분열되고 만다. 신익희 역시 1937년 민
족혁명당을 탈당해 독자적인 움직임에 나선다. 1940년대 대한민국 임
시정부가 충칭에 자리 잡은 뒤 그는 자신의 세력을 구축하기 위해 노력
했다. 1943년 9월 한국청년당 대표 자격으로 국무위원에 피선되었다.

1944년 4월 내각 개편 때 임시정부 내무부장에 다시 선출된 신익희는 1945년 2월 임시정부 내무부 산하에 경위대를 조직했다. 경무국이 있었으나 경위대를 별도로 설치하여 내무부의 직속으로 활용했다.

1945년 일제가 패망하자 그는 중국 정부와 주중 미군 당국으로부터 교섭 대표로 위촉받아 주중 미군사령부에서 임시정부 요인의 귀국 절차를 교섭했다. 미군 측은 대한민국 임시정부 요인들을 모두 개인 자격으로 귀국케 했다. 임시정부 요인들은 분루를 삼키며 이를 받아들였다. 당시 신익희의 경무대에 대해 장준하는 책《돌베개》에 다소 비판적인 기록으로 남기기도 했다.

__ 해방은 됐지만

신익희는 1945년 12월 3일 임시정부 제2진으로 약산 김원봉 등과 함께 전라북도 군산 비행장으로 입국한다. 직후 서울운동장에서 열린 임시정부 환영회에 참석하였고, 1945년 12월 23일 김구가 주관하는 순국선열추념대회에 참여하여 위원장으로 선출되었다.

1945년 12월 중순, 신익희는 송진우의 초대로 서울 관수동 국일관에서 열린 주연에서 한국민주당 측 인사들을 가리켜 '친일파'라고 언급해 싸움이 벌어졌다. 하지만 독자 세력이 필요했던 신익희는 한민당과 연합의 길을 걸으며 반탁운동에 가담한다. 신익희가 걸었던 길을 생각하면 가장 아쉬운 부분이기도 하다.

항일과 친일의 역사 따라 현충원 한 바퀴

1946년 대한독립촉성국민회 부위원장, 자유신문사 사장 등을 지냈으며 국민대학교를 설립해 초대학장 겸 교수를 맡았다. 제14대 대한체육회 회장에 추대되었다.

해방 후 신익희의 행보는 임시정부와 결을 달리했다. 1947년 7월 임시정부를 이탈해 이승만을 총재로 하는 독립촉성국민회에 합류하여 부총재가 됐다. 이후 임시정부 요인들이 남북협상을 추진하자 신익희는 임시정부와의 관계를 완전히 끊어버렸다. 단독정부 수립론과 남북협상론이 나타나자 그는 협상의 불가함을 들어 이승만을 지지하였다. 1948년 5월 10일 대한민국 제헌 국회의원 선거에 출마해 당선됐다.

그러나 한국전쟁 후 이승만의 자유당에서 소위 사사오입 개헌안을 불법적으로 통과시키자 이에 분노해 1954년 11월 30일 야권 신당 창당을 위한 호헌동지회 결성에 참여했다. 1955년 민국당과 기타 야권 세력이 통합한 민주당이 창당되자 신익희는 민주당의 대표최고위원이 되었다. 1956년 제3대 대통령 선거를 앞두고 민주당의 대통령 후보로 선출되었다. 그러나 조봉암도 진보당 후보로 출마를 선언해 야권의 후보는 두 명이 되었다. 단일화 없이 이승만의 독재를 막을 수 없던 두 사람은 단일화를 논의했으나 1956년 5월 5일 새벽 5시께, 부통령 후보 장면과 함께 호남선 열차를 타고 자유당의 이승만과 맞서 호남 지방 유세를 위해 전북 이리로 향하던 중 열차 안에서 뇌일혈로 졸도했다. 졸도 후 45분 만에 열차는 이리역에 도착했지만 끝내 숨졌다.

어디에 잠들었나?

위치상으로는 이준 열사 묘소 바로 아래쪽에 있다. 그러나 길이 연결되지 않아 이준 열사 묘소에서 신익희 선생 묘소로 바로 이동하긴 어렵다. (대중교통은 이준 열사 묘역 참조)

이준 열사 묘소를 먼저 방문할 경우 아카데미하우스 입구까지 내려와 50m 정도 위쪽에 자리한 아카데미탐방지원센터까지 다시 올라가야 한다. 탐방지원센터 우측으로 난 소로를 이용해 올라가다 보면 끝자락에 위치한 신익희 선생의 묘소를 확인할 수 있다. 그의 묘 우측에 아들 신하균 선생의 묘소도 함께 자리해 있다. 신하균 선생 역시 중국 충칭에서 광복군총사령부에 입대해 항일운동을 한 애국지사다

해공 신익희 묘역

항일과 친일의 역사 따라 현충원 한 바퀴

05
—
여운형
—

그날 혜화동로터리에서 총성이 울리지 않았다면

여운형 ⓒ 몽양기념사업회

1918년 중국 상하이에서 신한청년당을 조직, 당수로서 파리강화회의에 독립청원서를 제출하는 한편, 국내에 김철, 선우혁 등을 파견, 3·1운동을 촉발했다.

정부 공훈록에 기록된 몽양夢陽 여운형呂運亨, 1886-1947 이야기다.

신한청년당과 3·1운동 촉발이 가장 먼저 언급됐는데 3.1 운동으로 대한민국이 탄생한 것을 고려하면 우리 독립운동사에서 여운형이라는 이름이 어떤 대접을 받아야 하는지 증명되는 셈이다. 그러나 여운형은 2005년 3월 1일에야 서훈을 받았다. 광복 후 70년, 사후 68년이 지나서의 일이다.

여운형은 너무나 많은 일을 했기에 이 지면에서 전부 담기엔 어려움이 있다. 그러나 그를 기억할 때면 항상 언급되는 일화가 하나 있으니 1919년 11월 적지인 도쿄 한복판에서 외친 독립의 연설이었다.

3·1운동이 들불처럼 일어나자 일제는 조선 민중에게 총칼을 들이댔다. 조선 팔도 곳곳에서 살인과 방화가 일어났다. 일제의 만행이 선교사들에 의해 전 세계에 알려지자 일제는 유화책을 내놓는다. 그중 하나가 여운형의 도쿄 초청이었다. 그들이 '불령선인의 수괴'로 여기는 여운형을 초청함으로써 '자애로운' 일본의 이미지를 내세우려는 의도였다.

적의 심장으로 들어가는 만큼, 여운형의 일본행에 대해 독립운동 진영에서 찬반 논란이 일었다. 그러나 여운형은 호기롭게 이를 수락했는데, 네 가지 조건을 내세웠다.

신변보장, 언론과 행동의 자유, 통역 장덕수, 조선 경유 귀로

일제는 몽양의 요구를 모두 수락했다. 몽양이 통역으로 지정한 장덕수는 당시 국내에서 활동 중에 일제에 피체돼 섬에서 유배 생활을 하고 있었다. 통역으로 삼음으로써 구출의 기회를 엿본 것이다.

1919년 11월 14일, 여운형은 마침내 중국 상하이를 출발해 일본으로 향했다. 조선과 일본 정계, 나아가서는 전 세계가 34세의 여운형에게 이목을 집중했다. 일본에 도착한 여운형은 고가(古賀) 척식부대신과

항일과 친일의 역사 따라 현충원 한 바퀴

의 미팅을 시작으로 다나카 육군대신, 도코나미 외무대신, 미즈노 조선 총독부정무총감, 노다 체신대신, 하라 수상, 요시노 사쿠조 도쿄제국대학 교수 등을 연이어 만났다.

그리고 마침내 1919년 11월 27일, 우리 독립운동사에 길이 남을 데이코쿠호텔의 기자회견이 시작됐다. 당시 회견장에는 한국 유학생과 일본 기자 등 약 500여 명의 청중이 모였다. 여운형은 입을 뗐다. 어떻게 일본이 흔들렸는지 함께 살펴보자. 읽기 편하게 손을 약간 본 전문이다.

내가 이번에 온 목적은 일본 당국자와 식자識者들을 만나 조선 독립운동의 진의를 말하고 일본 당국의 의견을 구하려고 하는 것이었다. 다행히 지금 각원閣員들과 식자 제군들과 간격 없이 의견을 교환하게 된 것은 유쾌하고 감사한 일이다.

나에게는 독립운동이 평생의 사업이다. 구주전란(제1차 세계대전)이 일어났을 때 나와 우리 조선이 독립국가로 대전에 참가치 못하고 동양한 모퉁이에 쭈그리고 앉아 우두커니 방관만 하고 있는 것이 심히 유감스러웠다. 그러나 우리 한민족의 장래가 신세계 역사의 한 페이지를 차지할 시기가 반드시 오리라고 자신했다. 그러므로 나는 표연飄然히 고국을 떠나 상해에서 나그네로 있었다.

작년 1918년 11월에 대전이 끝나고 상해의 각 사원에는 평화의 종소리가 울리었다. 우리는 신의 사명이 머리 위에 내린 듯하였다. 그리하여 활동을 시작하였다. 먼저 동지 김규식을 파리에 보내고 3월 1일에는 내지內地(조선)에서 독립운동이 돌발하여 독립만세를 절규하였다. 곧 대한민족이 전부 각성하였다. 주린 자는 먹을 것을 찾고, 목마른 자는 마실 것을 찾는 것은 자기의 생존을 위한 인간 자연의 원리이다.

이것을 막을 자가 있겠는가? 일본인에게 생존권이 있다면 우리 한민족에게는 홀로 생존권이 없을 것인가? 일본인에게 생존권이 있다는 것은 한인이 긍정하는 바이요, 한인이 민족적 자각으로 자유와 평등을 요구하는 것은 신이 허락하는 바이다.

일본 정부는 이것을 방해할 무슨 권리가 있는가? 이제 세계는 약소민족 해방, 부인 해방, 노동자 해방 등 세계 개조를 부르짖고 있다. 이것은 일본을 포함한 세계적 운동이다. 조선의 독립운동은 세계의 대세요, 신의 뜻이요, 한민족의 각성이다. 새벽에 어느 집에서 닭이 울면 이웃집 닭이 따라 우는 것은, 다른 닭이 운다고 우는 것이 아니고 때가 와서 우는 것이다. 때가 와서 생존권이 양심적으로 발작된 것이 조선의 독립운동이다. 결코 민족자결주의에 도취한 것이 아니다. 신은 오직 평화와 행복을 우리에게 주려 한다. 과거의 약탈, 살육을 중지하고 세계를 개조하는 것이 신의 뜻이다. 세계를 개척하고 개조로 달려나가 평화적 천지를 만드는 것이 우리 사명이다. 우리의 선조는 칼과 총으로 서로 죽였으나 이후로는 서로 붙들고 돕지 않으면 안 된다. 신은 세계의 장벽을 허락하지 않는다. 이때에 일본이 자유를 부르짖는 한인에게 순전히 자기 이익만을 가지고 한국 합병의 필요를 말했다.

첫째, '일본은 자기 방위를 위하여 조선을 합병하지 않을 수 없다'고 한다. 그러나 러시아가 차제此際에 무너진 이상 그 이유가 성립되지 않는다. 조선이 독립한 후라야 동양이 참으로 단결할 수 있다. 실상 일본의 의도는 이익을 위했던 것이었을 뿐이다.

둘째, '조선은 독립을 유지할 실력이 없다'고 한다. 우리는 과연 병력이 없다. 그러나 이제 한민족은 깨었다. 열화 같은 애국심이 이제 폭발하였다. 붉은 피와 생명으로써 조국의 독립에 이바지하려는 것을 무시할 수 있겠는가. 일본이 조선의 독립을 승인하면 조선에는 적이 없다. 서쪽 이웃인 중화민국은 확실히 조선과 친선할 것이다. 일본이 솔선하여 조선의 독립을 승인하는 날이면 조선은 마땅히 일본과 친선할 것이다. 우리의 건설 국가는 인민이 주인이 되어 인민을 다스리는 국가일 것이다. 이 민주공화국은 대한민족의 절대적 요구요, 세계 대세의 요구다.

평화란 것은 형식적 단결로는 성취하지 못한다. 이제 일본이 아무리 첩첩이구(거침없고 능란한 말솜씨)로 일중 친선을 말하지만, 무슨 유익이 있는가. 오직 정신적 단결이 필요한 것이다. 우리 동양인이 이런 경우에 서로 반목하는 것이 복된 일인가? 조선 독립문제가 해결되면 중국 문제도 용이하게 해결될 것이다. 일찍이 조선 독립을 위하여 일청전쟁과 일로전쟁을 했다고 하는 일본이 그때의 성명을 무시하고 스스로 약속을 어겼으니, '한국과 중국' 두 민족이 일본에 대해 원한을 품지 않을 수 있겠는가. 조선 독립은 일본과 분리하는 듯하나 원한을 버리고 동일한 보조를 취하여 함께 나가고자 하는 것이니 진정한 합일슴—이요, 동양 평화를 확보함이며 세계 평화를 유지하는 제일의 기초이다. 우리는 꼭 전쟁을 하여야 평화를 얻을 수 있는가? 싸우지 않고는 인류가 누릴 자유와 평화를 못 얻을 것인가?

일본 인사들은 깊이 생각하라. 한일합병은 순전히 일본의 이익만을 위해 강제된 치욕적 유물이다. 일본은 자신을 수호하고 상호안전을 위해서 부득이 합병을 할 수밖에 없었다고 말했지만 러시아가 물러간 오늘날에 있어서도 그러한 궤변을 고집할 수 있을 것인가.

오히려 한국의 독립은 일본에 안전과 평화를 가져다줄 것이다. 즉 일본은 조선 독립을 승인하고 조력함으로써만 조선인의 원한에서 풀리어 오히려 친구가 되고 중국과 그 밖의 여러 이웃 나라와 나아가 전 세계의 불신과 의구심에서 벗어날 수 있을 것이며 이를 통해서 동양의 평화와 세계평화는 가능하게 될 것이다.

여운형의 연설은 다음 날 크게 보도됐고 일본 전역을 강타했다. 여운형은 유유히 상하이로 돌아왔다. 여운형이 떠난 뒤 후폭풍은 대단했다. 일본 제국의회는 해산됐고 하라타카시(原敬) 수상이 이끄는 내각은 붕괴됐다.

__ 여운형이 꿈꾼 나라

상하이 임시정부에 돌아온 여운형은 바쁜 생활을 이어갔다. 그는 민단 단장으로 추대돼 상하이 거주 교포들의 권익 향상을 위해 노력했다. 동시에 상하이 마당루청사 인근에 '인성학교'를 설립해 독립운동을 하는 후손들의 교육에도 힘썼다. 필자가 2019년 6월 임정로드 1기 탐방단을 이끌고 중국을 방문했을 때 애국지사 신언준申彦俊, 1904-1938 선생의 후손이 동행했는데, 신언준 선생은 인성학교에서 학감을 맡아 교편을 잡은 인물이다. 〈동아일보〉 특파원을 지내며 일본의 농간으로 발생한 '완바오산(만보산)사건萬寶山事件'의 진실을 국내에 전하기도 했다. 1938년 35세의 나이로 병사했다.

여운형은 1921년 '중한호조사' 결성에 참여, 한중 양 민족의 공동 투쟁과 이해 증진을 모색했다. 동시에 1922년 1월 모스크바 극동피압박민족대회에 조선 대표의 일원으로 참석해 조선 독립을 역설했다. 당시 여운형의 사진이 최근 공개됐는데, 그는 봉오동전투의 주역 최운산崔雲山, 1885-1945 장군과 함께 샤프카(러시아식 털모자)를 쓴 외투 차림으로 극동민족대회 개회식에 자리해 있었다.

그러나 1929년 7월 여운형은 독립운동을 지원하였다는 혐의로 상하이 주재 일본영사관 경찰부에 체포된다. 여운형은 일본 나가사키를 거쳐 국내로 압송되어 독립운동 죄목으로 4년간 복역했다.

이후 여운형과 관련해 일제강점기 다시 한 번 크게 회자되는 사건이 있었으니 1936년 8월 베를린올림픽대회 손기정 선수 일장기 말소 사건이다.

당시 여운형은 〈조선중앙일보〉 사장이었다. 손기정 선수가 타국에서 금메달을 따고 단상에 올라 고개를 숙이고 있는 모습을 보고 몽양은 그의 가슴에 새겨진 일장기를 지우고 신문을 발간했다. 여운형의 둘째 아들이 손기정 선수와 친구다. 손기정 선수가 베를린으로 향하기 전 여운형을 찾아 대회 출전 여부를 논의하기도 했다. 여운형은 당대의 스포츠인으로도 유명했고 당시 조선체육회 회장을 맡아 각종 체육대회를 후원하고 있었다.

사장직에서 물러나고 신문은 폐간됐지만 독립을 향한 여운형의 길은 달라지지 않았다. 여운형은 일본이 태평양전쟁을 도발하자 신사참배나 국방헌금, 징병 권유 따위의 강요를 모두 거부하면서 1944년 비밀결사인 조선건국동맹을 조직했다. 그의 예상대로 일본은 1945년 8월 패망했다.

― 혜화동 로터리에서 순국하다

놓치지 말아야 할 점은 일본이 연합국에 항복하면서 조선의 치안권을 여운형에게 넘겼다는 사실이다. 당시 여운형이 조선에서 어떤 위치에 있는지를 그대로 보여주는 부분이다. 여운형이 결성한 '건국준비위원회'는 해방 후 보름 만에 전국에 145개 지부를 설치했다.

하지만 여운형의 꿈은 오래지 않아 미소군정이라는 현실의 벽 앞에

항일과 친일의 역사 따라 현충원 한 바퀴

무너졌다. 무엇보다 여운형을 향한 테러가 끊이질 않았다. 해방 후 여운형에게 공식적으로 일어난 테러만 정리한 내용이다.

1945년 8월 18일 오전 1시, 서울 계동 자택 앞에서 괴한들에게 곤봉으로 피습

1945년 9월 7일 저녁, 서울 원서동에서 계동으로 넘어오다가 괴한들에게 피습, 행인이 구제

1945년 12월 초순, 백천온천 여관에서 괴한에게 피습. 피습당하기 이전에 여관을 옮겨 무사

1946년 1월, 서울 창신동 친구 집을 괴한 다섯 명이 습격, 부재해 위기 모면

1946년 4월 18일 오후 9시, 서울 관수교에서 괴한들에 포위, 행인이 구출

1946년 5월 하순, 서울 종로에서 괴한들에 포위, 격투 끝에 행인이 구출

1946년 7월 17일, 서울 신당동 산에서 협박, 벼랑에서 낙하, 구사일생

1946년 10월 7일 저녁, 자택 문전에서 납치, 결박을 풀고 도피

1947년 3월 17일 밤, 서울 계동 자택에 침실 폭파, 부재로 무사

1947년 7월 19일, 서울 혜화동 로터리에서 승용차 피습, 서거

좌우합작을 통해 통일된 나라를 주창했던 여운형은 극좌와 극우 모두에게 눈엣가시였다. 좌우합작 운동의 중심이었던 여운형이 사라지자 좌우합작위원회도 더는 활동을 이어갈 수 없었다. 친일파는 더욱 득세했다. 좌우합작에 참여했던 김원봉은 친일경찰 노덕술에게 끌려가 모욕을 당했고, 미군정은 그를 수배자 명단에 올렸다. 여운형이 죽은 뒤 이듬해인 1948년 남한은 단독정부를 세웠다. 1949년 임시정부를 이끌었던 김구 역시 서울 경교장에서 안두희의 흉탄에 맞고 운명했다.

여운형의 영결식은 1947년 8월 3일 광화문 인민당사 앞에서 거행됐다. 당시 영결식에 약 60만 명의 인파가 몰렸던 걸 고려하면 여운형에 대한 민중의 기대가 얼마나 컸는지 짐작케 한다. 60만 명이라면 광복 이후 최다 인파가 모인 것이다. 여운형의 관은 베를린 올림픽 마라톤 금메달리스트 손기정과 역도선수 김성집 등 체육인들이 운구했다. 여운형을 테러한 배후는 지금까지도 밝혀지지 않고 있다.

여운형의 영원한 동지이자 파리강화회의의 주인공인 우사尤史 김규식은 여운형의 서거 소식을 듣고 한동안 말을 잃었다고 한다. 김규식은 몽양의 죽음 이후 그에 대한 이러한 평가를 내렸다.

우리는 한 위대한 혁명투사를 잃었을 뿐만 아니라, 유일 목표인 신국가 건설을 위하여 전 민족이 합작으로부터 완전 통일에 나아감으로 최후 목적을 달하기를 제창하여 이에 최종까지 노력하던 지도자를 상실하였다. 그러므로 나는 몽양 동지의 영별에 대하여 정실상

항일과 친일의 역사 따라 현충원 한 바퀴

의 감촉보다도 우리 민족의 자유를 획득하려는 공동 진영의 한 용장을 상실하였다고 본다. 곧 민족 전체의 손실이다.

어디에 잠들었나?

여운형의 묘는 앞에서 다룬 지사들의 묘와는 다소 떨어진 곳에 있다. 이 말은 곧 국립4·19민주묘지, 근현대사기념관, 김창숙·이준·신익희·김병로 선생 등의 묘를 한 코스로 살필 때 여운형의 묘는 따로 찾아나서야 한다는 뜻이다.

여운형의 묘소는 서울시 강북구 우이동에 있다. 북한산 기슭에 잠든 지사들과 지척이지만 걸어서 가기엔 다소 멀다. 몽양의 묘 인근에는 솔밭공원이 자리해 있다. 묘소로 향하는 길 운동하는 시민을 쉽게 만날 수 있다.

- **솔밭공원역(우이신설선)** 도보 3분
- **서울지하철 4호선 수유역** 버스 120번, 153번을 타고 15분 정도 이동해 북서울교회에서 하차한다. 그곳에서부터 3분 거리다.

3장

효창공원

효창원의 공식 명칭은 효창공원이다. 이는 일제가 왕가의 무덤을 강제로 이장시킨 뒤 부여한 이름이다. 광복 후 백범 김구를 중심으로 원래 이름을 찾으려 했으나 김구가 안두희의 흉탄에 사망하고, 미군정과 한국전쟁을 거치며 기회를 놓쳤다. 이어진 독재 정권은 노골적으로 효창원의 제자리 찾기를 방해했다. 이승만 대통령은 김구와 삼의 사묘역 정남 방향에 당시 아시아 최대 규모의 축구장을 세웠다. 박정희 대통령은 김구 선생과 삼의사묘역 머리에 '반공탑'을 세웠다. 그렇게 우리는 수십 년 동안 본디 이름인 효창원 대신 일제가 만든 효창공원이라는 이름으로 부르게 되는 것이다. 매우 애석한 일이지만 바꿔 생각하면 우리가 무엇을 해야 하는지를 명확하게 보여주는 지점이기도 하다. 효창원, 다시 그 이름을 공식적으로 부르는 날을 고대해본다.

한눈에 보는
효창공원

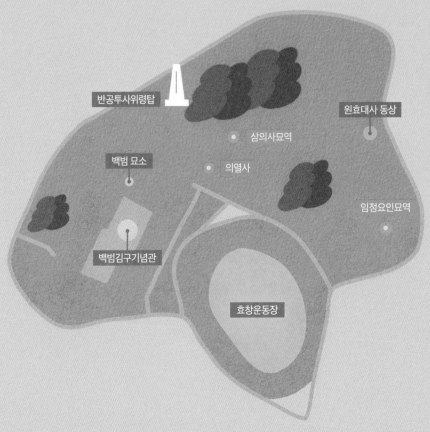

- 반공투사위령탑
- 원효대사 동상
- 삼의사묘역
- 백범 묘소
- 의열사
- 임정요인묘역
- 백범김구기념관
- 효창운동장

추천 답사

- 효창원역 → ● 도보 이동 → ● 효창운동장 →
- 임정요인묘역 → ● 의열사 → ● 삼의사묘역 →
- 백범묘소 → ● 백범기념관 → ● 반공투사위령탑 →
- 원효대사동상 등 (숙명여대 인근 추천) 식민지역사박물관

__ 정조의 첫째 아들 문효세자의 묏자리에서 시작

이제는 많이 알려진 사실이지만 효창원孝昌園은 원래 조선 22대 왕인 정조正祖, 재위 1776-1800의 첫째 아들 문효세자文孝世子, 1782-1786와 뒤이어 세상을 떠난 의빈 성씨의 유해를 모신 왕가의 무덤이었다. 정조로서는 안타까움이 짙은 곳인데, 나이 서른에 처음 얻은 아들 문효세자가 불과 다섯 살 나이에 홍역으로 갑자기 사망한다.

문효세자가 태어났을 때 "비로소 아비라는 소리를 듣게 되었으니, 이것이 다행스럽다" 했을 만큼 크게 기뻐했던 정조로서는 하늘이 무너져 내릴 일이었다. 정조는 아들의 상주가 돼 묏자리를 직접 찾아다녔다. 그곳이 바로 지금의 효창원이다.

도성과 한강 사이, 소나무숲이 우거진 언덕이 눈에 띄었다고 한다. 정조는 세 번이나 현장을 직접 찾아 아들의 묏자리를 살폈다. 아들의 장사를 지낸 뒤 '효창묘孝昌墓'라는 이름을 직접 지었다. '효성스럽고 번성하다'라는 뜻이다. 이후 의빈 성씨 역시 떠나고 순조 때 후궁 숙의 박씨, 영온옹주의 묘소까지 들어섰다. 1870년 고종에 의해 '묘'에서 '원'으로 격상돼 그 흐름을 이어왔다.

__ 일제가 조선을 병합한 뒤 소나무숲이 우거졌던 효창원은 변질된다

1921년 6월에는 효창원 숲을 벌채하고 골프장을 지었다. 당시 효창원 골프장은 9홀 규모로 문효세자의 묘에 울타리를 치고 빙 둘러싼 모양새로 만들어졌다고 한다.

1925년 대홍수가 발생하자 일제는 효창원 일대에 이재민들의 천막촌을 만들었다. 이후 본격적으로 효창원 일대를 공원으로 개발한다. 용산 등지에 자리 잡은 일본 거류민들을 위한 정책이었다. 일제는 1930년대 효창원에 유원지를 조성해 아동용 놀이시설을 세우고 소나무가 우거졌던 곳곳에 벚꽃과 플라타너스를 심었다. 그리고 1940년 마침내 효창원의 공식 명칭을 효창공원으로 바꿔버렸다. 1944년에는 문효세자를 포함해 효창원의 모든 무덤을 경기도 고양 서삼릉으로 강제 이장해버린다.

__ 애국지사들이 잠들어 있는 묘역

해방 후인 1946년, 김구 선생은 '민족의 정기를 바로 찾겠다'며 윤봉길, 이봉창, 백정기의 유해를 이곳으로 모셨다. 같은 해, 임정의 주요 인사였던 이동녕, 조성환, 차리석의 유해 역시 중국에서 수습해 같이 모셨다. 1949년 6월 26일, 애국지사들의 유해를 직접 모신 김구 선생이 육군 소위 안두희의 총탄에 서거한 뒤, 삼의사묘역 옆에 잠들었다.

문제는 이후에 발생했다. 이승만은 백범 사후 효창원에 경찰을 배치해 참배객의 행렬을 강제로 막았다. 한 걸음 더 나아가 서울시는 삼의사를 포함해 임시정부 요인들의 묘소를 강제로 옮기기 위한 계획을 발표한다. 존엄성을 상실했다는 것이 이유였다. 하지만 심산 김창숙이

삼의사묘역과 안중근 의사 가묘

묘역 앞에 드러누웠다. 그는 〈효창공원을 통곡함〉이란 시를 지어 한스러운 마음을 전했다.

효창원에

스산한 바람 불고

처절한 비 내리는데

통곡하며 부르노라

일곱 선열의 영혼을

땅속에 묻힌 말라버린 뼈

일찍이 무슨 죄를 지었기에

멋대로 공병대의

항일과 친일의 역사 따라 현충원 한 바퀴

괭이 아래 파헤치는가.

저 남한산南漢山

저 탑골공원을 보라

하늘을 찌르는 동상이

사람의 넋을 빼앗는구나.

독재의 공과 덕이

지금은 이렇듯 높을지나

두고 보시오

상전桑田과 벽해碧海

일순간에 뒤집힐 것을.

심산의 노력이 빛을 봤다. 국회는 뜻을 모아 효창원 공사를 막았다. 그러나 이승만 정권은 1959년 2회 아시안컵 축구대회 전용 경기장을 세운다는 이유를 대며 공사를 강행했다. 유족들은 거리를 띄어 운동장을 짓는다는 조건으로 운동장 건립에 합의했다. 이승만 정권은 당시 아시아 최대 규모였던 효창운동장을 백범과 삼의사 묘역 정남향에 건립했다. 1960년의 일이다.

1961년 5·16군사정변으로 권력을 잡은 박정희 정권은 한술 더 떠서 효창원에 골프장 공사를 시도했다가 각계 반대로 무산되었다. 그러다 1969년에 느닷없이 김구 선생과 삼의사 묘역 머리 쪽에 반공투사위령탑을 세웠다. 같은 시기 효창원에는 대한노인회관, 육영수 여사 송덕

효창공원 반공탑

비 같은 시설도 자리 잡았다. 그러나 효창원 시설물 중 가장 부적합한
것은 단언컨대 1969년에 세워진 원효대사 동상이다. 아무도 이유를 모
르는데, 민족문제연구소 역시 "근처에 '원효로'기 있기 때문에 이를 염
두에 두고 효창원에 원효대사 동상을 배치한 것으로 짐작이 된다"라고
말했다.

　돌아보면 '민족정기를 바로 세우겠다'는 김구 선생의 의지는 여전히
미완의 상태에 머물러 있는 것을 알 수 있다. 국립시설이 아닌 탓에 용
산구청이 지금까지 '근린공원시설'로 관리해왔다. 효창원에 잠든 차리
석 선생의 아들 차영조 씨가 지난 수십 년 동안 아버지의 묘를 직접 관리
한 이유이기도 하다. 다행인 점은 2018년 12월 11일 문재인 정부가 '효
창공원을 현충원 같은 국립묘지 수준으로 관리한다'라고 밝힌 것이다.

　　　　　　　　　　　　　항일과 친일의 역사 따라 현충원 한 바퀴

찾아가기

- **서울지하철 6호선 효창공원앞역** 1번 출구 효창공원 방향으로 5분 정
  도 올라가면 효창운동장이 보인다. 효창운동장을 중심에 놓고 우측
  에 의열사와 삼의사묘, 임정요인의 묘가 있다.
- **백범기념관** 효창운동장을 끼고 왼쪽으로 50m 정도만 걸어 올라가면
  2002년에 준공된 백범김구기념관이 있다. 안내데스크
  에서 2시간 무료주차권을 받을 수 있다.

01

—

효창공원 묘역에 잠든 애국지사들

—

많이들 잘못 알고 있는 것이 효창원에 순국선열 및 애국지사 일곱 분만 잠들었다는 것이다. 결론부터 말하면 아홉 명이다. 원래는 삼의사 묘에 이봉창, 윤봉길, 백정기, 임정요인묘에 이동녕, 차리석, 조성환, 백 범묘에 묻힌 김구까지 모두 일곱이었다. 하지만 1999년 4월 12일에 최 준례의 유해가 경기도 남양주시 진건면 송정리에 있는 가족묘지에서 이장돼 김구 선생과 합장됐다. 거의 알려지지 않았지만 1961년 4월 18 일에는 차리석의 부인 강리성 역시 임정요인묘역에 합장됐다. 총 아홉 명이 효창원에 잠들어 있음을 알 수 있다.

항일과 친일의 역사 따라 현충원 한 바퀴

김구 金九, 1876-1949	대한민국 임시정부 주석
이동녕 李東寧, 1869-1940	대한민국 임시정부 의정원 초대 의장
차리석 車利錫, 1881-1945	대한민국 임시정부 국무위원 겸 비서장
조성환 曺成煥, 1875-1948	대한민국 임시정부 국무위원 겸 군무부장
윤봉길 尹奉吉, 1908-1932	한인애국단 단원
이봉창 李奉昌, 1900-1932	한인애국단 단원
백정기 白貞基, 1896-1934	남화한인청년연맹 단원

의거 전 기념사진 찍은
스물다섯 청년 윤봉길 ⓒ 독립기념관

이봉창 의사 동상

백범김구기념관과 의열사

—

— 백범김구기념관

김구 선생을 기념하기 위해 건립된 기념관이다. 김대중 정권 시절
인 1998년에 (사)백범기념관건립위원회가 발족해 준비를 거친 뒤
2002년 10월 22일 개관했다. 기념관에는 김구의 어린 시절부터 서거
까지 행적이 시대순으로 진열돼 있다. 김구가 어떤 과정을 거쳐 상하이
로 망명했고, 대한민국 임시정부 수장이 됐는지를 기록했다. 1층 중앙
에는 선생의 좌상이 놓여 있다.

― 의열사

백범기념관 아래쪽, 효창운동장 정문 우측에 자리한 의열사는 효창원에 묻힌 순국선열 일곱 분의 영정을 모신 사당이다. 1990년에 건립됐으나 관리상 문제로 특별한 행사가 있을 때를 제외하고는 항상 문을 닫아두었다가, 2016년부터 상시 개방으로 전환됐다. 다만 관리에는 아쉬움이 있다. 순국선열과 애국지사들을 모신 공간이건만 창고에 놓아야 할 기자재 등이 영정 옆쪽에 자리해 있는 모습을 자주 봤다.

순국선열(영정 봉안 순서대로)

차리석   조성환   김구   이동녕   이봉창   윤봉길   백정기

03
—
안중근
—

효창원에 마련된 가묘

일곱 기의 묘 이외에 안중근安重根, 1879-1910의 묘 역시 효창원에 있다. 김구가 삼의사를 모실 때 훗날 안중근의 유해를 찾아 국내로 봉환할 것을 기약해 가묘를 만들어놓았다. 안중근은 1909년 의거 이래 지금까지 110년 넘게 돌아오지 못하고 있다. 다행인 점은 문재인 정부는 안중근의 유해를 찾기 위해 중국·북한과 협력하는 방안을 추진하고 있다는 것이다.

안중근 유해 매장지로 추정되는 곳은 중국 랴오닝성 다롄시 뤼순감옥 인근이다. 이 가운데 가장 유력한 추정지는 뤼순감옥 뒤 위안바오산 지역이다. 정부는 뤼순감옥 소장 딸의 증언 등 여러 자료를 바탕으로

항일과 친일의 역사 따라 현충원 한 바퀴

위안바오산 기슭에 유해가 묻혀 있을 것으로 추정하고 있다. 하지만 이 곳에는 이미 아파트 단지가 들어서 있어 유해 발굴 작업이 쉽지 않은 형편이다.

김구는 삼의사와 안의사 묘소 아래쪽에 직접 유방백세流芳百世라는 글자를 새겨 넣었다. '꽃다운 이름이 후세에 길이 전한다'는 뜻이다.

안중근 의사 가묘

차리석

임시정부의 버팀목

1945년 9월 9일, 광복 후 불과 한 달도 되지 않은 시점, 중국 충칭
대한민국 임시정부에 진득한 슬픔이 스며든다. 임시정부의 버팀목 동
암東巖 차리석 선생이 운명한 것이다. 일생을 독립운동에 헌신했던 인
물이 광복을 이뤘음에도 타국에서 쓰러져 순국한 것인데, 당시 두 살이
었던 아들 차영조가 아버지 차리석의 상주 역할을 맡았다.

이후 아들 차영조의 삶은 어땠을까? 여러분이 생각하는 그대로다.
질곡의 현대사를 그대로 품고 살았다. 아니, 버텨냈다는 말이 옳다. 하
지만 그는 끝끝내 아버지의 유지를 받들었다. 지금은 아버지 차리석을
비롯해 효창원에 잠든 지사들의 묘를 직접 관리하고 있다.

차리석은 한마디로 대한민국 임시정부를 지킨 파수꾼이다. 평안도 출신으로 신학문을 접한 뒤 안창호 선생이 설립한 대성학교 교사로 부임해 후학을 양성했다. 비밀결사인 신민회에도 가입해 적극적으로 독립운동에 매진했다.

1911년 일제가 조작한 '총독 암살기도사건'에 연루되어 1913년까지 옥고를 치렀다. 그런데도 독립을 향한 의지는 꺾이지 않았다. 오히려 3·1운동을 계기로 전보다 더 활발하게 독립운동의 전면에 나섰다. 차리석은 상하이로 건너가 임시정부 기관지인 〈독립신문〉 기자로 활동했다. 편집국장까지 역임하며 항일투쟁의 목소리를 내기 위해 힘을 모았다. 그러나 1920년대 임시정부는 부침의 연속이었다. 해체의 목소리마저 공공연하게 나왔다. 애국지사들의 의견도 제각각이었다. 하지만 선생은 늘 한결같이 말했다.

대동단결합시다.

김구와 대한민국 임시정부 지사들.
앞쪽 오른쪽이 차리석 선생이다.

난징에 동명학원을 설립해 청년들의 독립운동을 물심양면으로 도운 것도 이즈음이다. 혼란을 다른 방향으로 풀어냈다.

1930년대 들어서는 선생의 활약이 최고조에 이르렀다. 1932년 국무위원에 임명된 선생은 이듬해 내무장 겸 비서장까지 이르게 된다. 임시정부의 모든 살림이 선생의 손에 의해 좌지우지됐다. 그러나 임정의 명맥을 유지하는 것은 쉬운 일이 아니었다. 위기의 연속이었다. 일제의 탄압과 공습이 이어졌다. 선생은 임정 요인들과 함께 가족들을 이끌고 대장정을 이어갔다. 그러면서도 선생은 청년 대원들을 모아 국내에 침투시켜 주요 도시에서의 무장봉기, 일제 요인 제거 등을 계획하였다. 이는 실제 행동으로 이어져 일제의 군 배치 상황 정보를 수집해서 중국 국민당 정부에 제공하기도 했다. 중국 정부는 정보를 바탕으로 야간 폭격을 감행해 일제에 심각한 타격을 입혔다. 특무공작도 전개했다. 결국 선생의 이러한 노력은 결실을 맺는다. 1940년 충칭으로 옮긴 임시정부는 한국광복군을 창설해 1945년까지 5년여 동안 각종 군사 작전을 전개함으로써 명실공히 대한민국 임시정부가 한국 독립운동의 최고 기관으로 자리매김하게 된 것이다. 차리석이야말로 이를 묵묵히 뒷받침한 중심인물이었다.

차리석은 충칭 임시정부에서도 국무위원과 중앙감찰위원장을 역임하면서 광복군의 대일항전을 지원하는 등 조국 독립운동에 헌신하다 1945년 8월 15일, 꿈에 그리던 광복을 맞이했다. 그러나 기쁨은 오래가지 못했다. 1945년 9월 9일, 차리석 충칭 임시정부 청사에서 과로로

항일과 친일의 역사 따라 현충원 한 바퀴

쓰려져 눈을 감았다. 그로부터 3년이 지난 1948년 8월, 김구의 특별지시에 따라 이동녕 주석의 유해와 함께 고국으로 봉환돼 서울 용산구 효창원 임시정부요인묘역에 안장됐다.

1948년 사회장 당시 김구는 추모사에서 말했다.

차리석 선생은 해외 혁명운동자 가운데 특히 강력한 정신력을 소유하시기로 유명하시었다. 탁월한 사무 처리의 기능이나 병중에서도 최후의 일각까지 맡으신 사명을 완수하신 강한 책임감은 한국 독립운동에 피가 되고 살이 되었다 해도 과언이 아니다.

차리석 지사 장례 모습 ——— 1945년 9월 12일 충칭 임시정부 청사에서 찍힌 차리석의 발인 사진에는 관 뒤로 슬픔에 젖은 지사들의 모습을 확인할 수 있다. 조완구는 차리석의 관을 감싼 태극기를 허망한 듯 손에 잡고 있고, 김구, 지청천, 정정화 등 임시정부 요인 수십 명이 허망한 표정으로 서 있다. 관 바로 뒤에 홍매영이 두 살배기 차영조를 안고 있다.

__ 해방 후 성을 바꾼 아들 차영조

해방 후 어머니 홍매영과 함께 한국 땅을 밟은 차영조는 이후 어떤 삶을 살았을까? 안타깝게도 한때 원래 성인 차 씨를 버리고 신 씨로 살아야만 했다. '독립운동을 하면 3대가 망한다'는 말을 본인의 의지와는 별개로 몸소 겪을 수밖에 없었다.

지금으로 치면 청와대 비서실장과 다르지 않은 고위직인 임시정부 비서장이 아버지였지만, 갑작스레 아버지가 떠나자 남은 가족에게 이후의 삶은 고난의 연속이었다. 해방된 조국에 힘겹게 돌아왔지만 조국은 그들을 반기지 않았다.

1947년 7월 몽양 여운형 선생이 서울 한복판에서 총격을 당해 사망했다. 차리석의 아들 영조에게 '천복(하늘의 복)'이라는 이름을 선사한 김구도 1949년 6월 26일 경교장에서 육군 소위 안두희가 쏜 총에 맞아 사망했다. 어머니 홍매영은 초등학교에 입학하는 아들의 성을 바꿀 수밖에 없었다.

이후 쿠데타로 권력을 잡은 박정희 정권은 1962년에야 차리석의 공로를 인정해 건국훈장 3등급을 서훈했다. 해방 후 17년이 지나서의 일이다. 이때부터 차영조는 '아버지 묘소인 효창원이 내 고향'이라 생각하고 삶을 이어갔다. 그도 그럴 것이 중국 충칭에서 태어난 차영조는 두 살 때 조국에 돌아온 이후 고향을 가져본 적이 없다. 부모 역시 모두 북쪽 출신이라 차영조는 부모의 고향에 한 번도 가볼 수 없었다. 아버지가 잠들어 있는 효창원을 고향 삼아 지내온 것이다.

항일과 친일의 역사 따라 현충원 한 바퀴

차영조는 "효창원이 국가 차원의 관리 묘역으로 바뀐 만큼 불필요한 운동장과 반공탑 등은 자연스레 사라질 것"이라며 "육영수 여사 송덕비는 고향인 옥천으로 옮기면 되고, 반공탑도 취지에 맞는 곳으로 옮기면 된다"고 말했다. 그러면서 "대한노인회 건물 등은 없앨 게 아니라 역사 교육의 장으로 활용하면 된다"고 말했다.

차영조는 이어 "효창원을 많은 사람이 직접 와서 보고 느끼는 곳으로 만드는 것이 일곱 분 애국지사들을 위하는 것"이라며 "이분들이 비록 육신은 죽었지만 정신은 살아 있다는 본보기를 계속 보여줘야 한다"고 설명했다.

2019년 11월 17일 제79회 순국선열의 날, 차영조의 어머니 홍매영은 대한민국 정부로부터 건국포장 훈장을 추서 받았다. 1942년 중국 충칭에서 한국독립당 당원으로 활동하면서 대한민국 임시정부와 광복군의 활동을 헌신적으로 지원한 공적을 해방 후 75년이 지나 인정받은 것이다.

'순국선열의 날'은 차리석이 1939년 대한민국 임시정부 임시의정원 제31회 임시총회에서 선열의 얼과 위훈을 기리기 위해 지청천 장군 등과 함께 제정한 기념일이다. 아버지 차리석이 제정한 기념일에 어머니 홍매영이 훈장을 받은 것이다. 홍매영 지사는 국립대전현충원 독립유공자제5묘역 331번 무덤에 잠들었다.

—

에필로그

—

　즐거운 여정이 됐는지 진심으로 궁금하다. '발로 만든 책'이라는 평가를 듣고 싶어 한 줄 한 줄 이어갈 때마다 최선을 다했지만 아쉬움은 여전하다. 현장을 답사하고 취재를 했지만 담지 못한 국립묘지 이야기가 아직도 한가득 남았다. 언젠가 기회가 닿아 다 풀어낼 수 있었으면 하는 바람이다.

　이제는 다들 정확하게 인지했으리라 판단된다. 묘지와 묘역의 차이, 딱 한 사람이 특정한 공간에 잠들어 있으면 이를 '묘지'라 칭한다. 다만 한 사람만을 위한 묘지가 명징하게 다른 장소와 구분돼 있다면 '묘역'으로도 혼용해 부를 수 있다. 예를 들어 서울 효창공원에 조성된 백범 김구의 묘는 묘지와 묘역 모두 동일하게 사용 가능하다.

　국립서울현충원, 국가공인 친일파의 하단부에 마련된 임시정부 요인들의 무덤은 어떻게 불러야 할까? 이상룡, 박은식, 홍진, 양기탁, 신규식, 지청천, 김성숙, 노백린 등 지사들의 무덤이 '임정요인'이라는 하나의 이름 아래 함께 모여 있다. 이는 '묘역'으로 불려야 한다. 임정요인묘역 아래쪽에 마련된 의열단 단원들과 여러 독립운동가의 무덤 역시 마찬가지다. '애국지사묘역'이다.

이 책을 쓴 이유는 단순하다. 친일과 항일이 공존하는 현충원, 직접 찾아가 눈으로 보고 '현실'을 인지했으면 하는 바람을 담았다. 그러다 보면 잘못된 현실을 바꾸는 데 우리의 목소리와 행동이 이어지지 않을까 생각했다.

다행인 점은 이 책을 기획하고 쓰면서 가시적인 변화를 이끌어냈다는 사실이다. 광복회를 비롯해 민족문제연구소 등 여러 단체와 현장에서 활동하는 애국 청년들의 도움을 크게 받았다. 이들의 마음이 모아져, 2020년 8월 현재 국립현충원의 친일파를 이장하거나 표지석을 세우기 위한 국립묘지법 및 상훈법 개정안이 발의된 상태다. 법안이 통과되면 국립묘지에 큰 변화가 일 것이라 기대된다. 그 과정에서 이 책이 길잡이가 됐으면 하는 바람이다.

그런데 놓치지 말아야 할 사실이 하나 더 있다. 2020년 여름, 우리는 소위 '전쟁영웅'이라고 불린 국가공인 친일파 백선엽의 현충원 안장을 마주했다. 1920년 평양에서 태어난 백선엽은 평양사범학교를 나와 교직에 종사할 수 있었지만 자발적으로 일본이 세운 만주 펑톈군관학교에 입교해 만주군의 장교가 됐다. 일부에선 이를 두고 '어쩔 수 없는 선택이었다', '당시엔 독립군이 만주에 없었다'라는 평계를 대며 그의 친일 행적을 옹호한다.

잘못된 사실이다. 필자의 전작 《임정로드 4000km》와 《약산로드 7000km》에서 수없이 기술했지만 대한민국이라는 나라는 1919년 3·1혁명을 거쳐 4월 11일 탄생했다. 황제의 나라였던 대한제국이 3·1혁명을 거치며 민주공화국 대한민국으로 변화됐다. 이를 지켜나간 것이 대한민국의 애국지사요, 순국선열이었다. 백선엽은 적국인 일본을 위해 자발적으로 충성하고 목숨 바친 국가공인 친일파다. 무엇보다 백선엽이 적국의 장교로 활동하기 수년 전인 1941년 대한민국 임시정부는 일본에 선전포고를 한다. 2020년 적국을 위해 총칼을 들었던 백선엽을 우리는 현충원에 안장한 것이다. 관련법이 부재했기 때문이다.

우리나라 헌법 전문에는 '유구한 역사와 전통에 빛나는 우리 대한국민은 3·1운동으로 건립된 대한민국 임시정부의 법통을 이어받았다'라고 명시됐다. 현재의 민주공화국은 대한민국 임시정부가 1919년 확립한 제도다. 누차 강조하지만 대한민국의 반대편에서 싸운 인물들이 바로 이 책에서 강조한 국가공인 친일파 11인과 백선엽 그리고 비공인 친일파들이다. 이 사실 하나만큼은 잊지 않았으면 하는 바람이다.

이 책을 완성하기까지 3년 정도 시간이 걸렸다. 대한민국 탄생의 비밀을 추적하기 위해 백범의 길을 좇았다. 이를 《임정로드 4000km》로 출간했다. 김구를 좇다 보니, 독립운동의 양대 거두였던 약산 김원봉이 보였다. 남과 북 모두에 외면당한 대한민국 독립운동의 큰 별, 그의 흔적을 따라 밀양에서부터 중국 충칭까지 7000km를 다녔다. 이를 《약산 로드 7000km》로 풀어냈다. 그리고 2020년 8월 이 책을 낸다. 백범과 약산을 통해 발견한 대한민국의 모순, 현충원의 잠든 친일파의 흔적을 짚어냈다.

그 과정에서 연인 지은혜의 역할이 매우 컸다. 우리나라 전국은 물론 중국과 일본, 대만으로 답사 다닌다고 사비를 털고 휴가를 모두 쏟아부어도 좋은 일 한다며 언제나 응원해줬다. 무엇보다 글 쓸 때마다 끊임없이 반복하는 취재 스토리를 올곧게 들어줬다. 지금은 연인에서 함께 사는 사람이 됐다. 그저 고마울 뿐이다. 덕분에 스스로 생각해도 만족스러운 귀한 책이 나왔다.

대한민국 101주년, 8월 15일, 김종훈

참고문헌

자료집

- 대한민국 친일반민족행위진상규명위원회, 《친일반민족행위진상규명 보고서》, 대통령소속 친일반민족행위진상규명위원회, 2009.
- 친일인명사전편찬위원회 편, 《친일인명사전》, 민족문제연구소, 2009.
- 서대문형무소역사관, 《서대문형무소 3·1운동 수감자자료집》, 2019.

단행본

- 김산·님 웨일스 지음, 조우화 옮김, 《아리랑》, 동녘, 1984.
- 김삼웅 지음, 《김상덕 평전》, 책보세, 2011.
- 김삼웅 지음, 《나는 박열이다》, 책뜨락, 2017.
- 김종훈 지음, 《임정로드 4000km》, 필로소픽 2019.
- 김종훈 지음, 《약산로드 7000km》, 필로소픽, 2019.
- 김태빈·전희경 지음, 《한번의 죽음으로 천년을 살다》, 레드우드, 2019.
- 김태빈·우주완 지음, 《대한국인 안중근》, 레드우드, 2019.
- 김효순 지음, 《간도특설대》, 서해문집, 2014.
- 김홍식 지음, 《친일과 명문장 67선》, 그림씨, 2019.
- 밀양시 엮음, 《2019년 의열단 창단 100주년 기념 의열단논문 자료집》.
- 박찬승 지음, 《대한민국은 민주공화국이다》, 돌베개, 2013.
- 이태복 지음, 《윤봉길평전》, 동녘, 2019.
- 임종국 지음, 《친일문학론》, 민족문제연구소, 2019년 증보판.
- 장석흥 지음, 《임시정부 버팀목 차리석》, 역사공간, 2005.
- 장준하 지음, 《돌베개》, 돌베개, 2015.
- 정운현 지음, 《친일·숭미에 살어리랏다》, 책보세, 2012.

- 정운현 지음,《친일파의 한국현대사》, 인문서원, 2016.

- 조문기 지음,《슬픔조국의노래》, 민족문제연구소, 2005.

- 조한성 지음,《만세열전》, 생각정원, 2019.

- 정정화 지음,《장강일기》, 학민사, 1998.

인터넷 사이트

광복회

공훈전자사료관

국가보훈처

국립4·19
민주묘지

국립대한민국
임시정부기념관

국립서울현충원

국립대전현충원

근현대사기념관

독립기념관

민족문제연구소

밀양독립운동
기념관

밀양의열기념관

박정희대통령
기념관

백범김구기념관

서대문형무소
역사관

오마이뉴스

청와대

해병대전우회
중앙회

옛 신문

- 〈매일신보〉, 〈조선일보〉, 〈동아일보〉

항일과 친일의 역사 따라
현충원 ——— 한 바퀴

ⓒ 김종훈 2020

초판 1쇄 | 2020년 8월 25일

지은이 | 김종훈
펴낸이 | 정미화 기획편집 | 정미화 이수경 정일웅 디자인 | 조수정
펴낸곳 | 이케이북(주) 출판등록 | 제2013-000020호 주소 | 서울시 관악구 신원로 35, 913호
전화 | 02-2038-3419 팩스 | 0505-320-1010 홈페이지 | ekbook.co.kr 전자우편 | ekbooks@naver.com

ISBN 979-11-86222-31-7 03910

* 이 도서의 국립중앙도서관 출판예정도서목록(CIP)은 서지정보유통지원시스템 홈페이지(http://seoji.nl.go.kr)와
  국가자료종합목록 구축시스템(http://kolis-net.nl.go.kr)에서 이용하실 수 있습니다.
  (CIP제어번호 : CIP2020032778)
* 이 책은 저작권법에 따라 보호받는 저작물이므로 무단 전재와 복제를 금합니다.
* 이 책의 일부 또는 전부를 이용하려면 저작권자와 (주)이케이북의 동의를 받아야 합니다.
* 저작권자를 찾지 못한 일부 실사에 대해서는 확인이 되는 대로 동의 절차를 밟겠습니다.
* 잘못된 책은 구입하신 곳에서 바꾸어드립니다.